**Bertram Winkler & Gert Spilker**

# Canyoning

**Band 31**

**OUTDOOR HANDBUCH**

# Canyoning

© Copyright Conrad Stein Verlag, Kronshagen                        1. Auflage

Alle Rechte vorbehalten, insbesondere auch die des Nachdrucks, der Übersetzung, der Entnahme von Abbildungen, Symbolen, der Wiedergabe auf fotomechanischem Wege (z.B. Fotokopie) sowie der Verwertung auf Datenträgern - auch auszugsweise - nur mit schriftlicher Genehmigung des Verlages.

Alle Informationen, schriftlich und zeichnerisch, wurden nach bestem Wissen zusammengestellt und waren korrekt zum Zeitpunkt der Recherche. Eine immerwährende Garantie für die Richtigkeit von Preisen, Adressen, Telefonnummern, Zeit- und sonstigen Angaben kann naturgemäß nicht übernommen werden.

Die Nennung von Firmen- oder Produktnamen geschieht ohne speziellen Hinweis auf geschützte Begriffe.

Die Autoren sind für Hinweise und Verbesserungsvorschläge unter Angabe der Auflagen- und Seitennummer an den Verlag dankbar. Leser, deren Einsendung verwertet wird, werden in der nächsten Ausgabe genannt und erhalten als Dank ein Belegexemplar der neuen Auflage oder ein anderes Buch ihrer Wahl aus dem Programm des Conrad Stein Verlags.

| | |
|---|---|
| Text | Bertram Winkler und Gert Spilker |
| Titelfoto | Gert Spilker |
| Illustrationen | Eva Schrödter |
| Skizzen | Carsten Tolkmit |
| Lektorat | Anette Reese |
| Druck | Norddruck Neumann KG, Kiel |

Das Titelfoto zeigt den Ausgang des Canyons "Sempre Sole" an einem klaren Herbstnachmittag im Tessin.

Dieses OutdoorHandbuch hat 122 Seiten mit über 100 Illustrationen und Skizzen. Es wurde auf chlorfrei gebleichtem Papier gedruckt.

ISBN 3-89392-131-1                                                001480

# Inhalt

| | |
|---|---|
| **Vorwort** | **4** |
| Über uns | 5 |
| Symbole | 6 |
| | |
| **Einleitung** | **7** |
| Der Sport | 7 |
| Historisches | 7 |
| Aktuelle Tendenzen | 8 |
| | |
| **Der Canyon** | **11** |
| Was ist ein Canyon? | 12 |
| Entstehung des Canyons | 12 |
| Klammarten | 15 |
| Wasserqualität im Canyon | 15 |
| Fauna und Flora im Canyon | 18 |
| Umweltproblematik | 30 |
| | |
| **Ausrüstung** | **33** |
| Bekleidung | 33 |
| Helm | 33 |
| Schuhe | 34 |
| Wurfsack | 34 |
| Seil | 35 |
| Reepschnüre | 36 |
| Bandschlingen | 36 |
| Anseilgurt | 37 |
| Karabiner | 39 |
| Abseilachter | 42 |
| Schwimmhilfe | 43 |
| Gepäcktransport | 43 |
| Sonstiges | 43 |
| Wichtige Knoten | 45 |
| | |
| **Technik** | **52** |
| Im Laufcanyon | 52 |
| Im Schwimmcanyon | 52 |
| Im Klettercanyon | 59 |
| Aufbau eines Standes | 59 |
| Abseilen | 67 |
| Klettersteigtechnik | 75 |
| Querung und Notausstieg | 77 |
| | |
| **Schwierigkeitsbewertung** | **80** |
| | |
| **Gefahren** | **82** |
| Abgeschiedenheit | 82 |
| Wasserstand | 82 |
| Wetter | 83 |
| Technische Gefahren | 85 |
| Schlangenbiß | 86 |
| Physische und psychische Gefahren | 86 |
| Unvorhergesehenes | 88 |
| Erste Hilfe nach Unfällen | 88 |
| Führungsverantwortung | 90 |
| | |
| **Do it yourself** | **91** |
| Verständigung | 92 |
| Entscheidungskriterien vor der Tour | 93 |
| Canyoninggebiete im Überblick | 93 |
| Veranstalter | 95 |
| Der Verein | 96 |
| Ausbildung | 97 |
| | |
| **Der unbekannte Canyon - Planung und Durchführung** | **100** |
| Planung | 101 |
| Zusatzausrüstung für Erstbegehungen | 103 |
| Sicherungsmittel | 105 |
| Treibanker und Seilwurf | 111 |
| Querung | 112 |
| Aufstieg am Seil | 114 |
| Haftung für Sicherungseinbauten | 114 |
| | |
| **Literatur** | **116** |
| **Glossar** | **118** |
| **Index** | **121** |

# Vorwort

Canyoning? Was bitte ist Canyoning? Die Franzosen nennen es "faire le canyon", die Italiener "torrentismo", und die Engländer kennen den Begriff "channelling", meinen damit aber das Waten in Kanälen unter einer Großstadt. Ist Canyoning etwa schon wieder eine neue Modeerscheinung oder ist Canyoning eine ernstzunehmende Bergsportart?

Zuallererst ist Canyoning vollkommen sinnlos. Wir steigen in eine Schlucht, laufen hindurch und steigen wieder hinaus. Somit befindet sich Canyoning in enger Verwandtschaft zum Bergsteigen, denn auch das Erklimmen eines Gipfels erinnert an Sisyphus - schließlich muß man irgendwann wieder hinunter. Doch hier wie dort werden alle unsere Sinne verwöhnt mit einer Vielzahl von unwiederbringlichen Eindrücken. Die Natur in ihrer reinsten Form ist von einer derartigen Schönheit, daß sie uns voll und ganz ausfüllt, und ebenso, wie ein Teil der Klamm immer in uns bleiben wird, wird ein Stück von uns in ihr zurückbleiben.

Warum besteigt man einen Berggipfel? Ab wann ist ein Gipfel "nur" noch ein Nebengipfel? Schon immer liebte es der Mensch zu abstrahieren - so übte der höchste Punkt eines Felsklotzes eine fast magische Anziehungskraft auf ihn aus, und das menschenerste Erklimmen von Bergspitzen wurde nationale Ehrensache. Ganze Seilschaften brachten sich auf den Wettrennen der Erstbesteigungen ums Leben.

Nachdem alle Gipfel bestiegen waren, kam die Philosophie der verschiedenen Routen. Der Eiger war ein "altes Eisen", die Eiger-Nordwand war in. Doch auch das hatte sich bald erschöpft und so begannen ein paar junge Bergsportler mit dem Rotpunkt-Klettern. Ab sofort zählte nur noch der pure Sport - oder tiefsinniger: "der Weg ist das Ziel". Diese letzte Generation der Alpinisten ist spielerischer geworden, lockerer und fröhlicher. Da wird nicht mehr gekämpft bis zum Umfallen, statt dessen vergnügt man sich lieber tagelang an einem einzigen Felsklotz.

Eigenartigerweise haben Abgründe immer etwas Abschreckendes. Die Abgründe einer Großstadt, die Abgründe einer menschlichen Seele, die Abgründe eines Gebirges - halte dich ihnen fern, mein Sohn! Doch zumindest in den Bergen sollte man über den eigenen Schatten springen, sich die Mühe machen und genau hinsehen: auch Abgründe haben ihren eigenen faszinierenden Mikrokosmos. Und als Grufti lebt man gar nicht so schlecht...

## Vorwort

Hand aufs Herz: Ist ein schmaler Spalt durch das Gebirge, diese einzige enge Linie, die uns das Wasser vorgibt, nicht viel faszinierender als irgendein x-beliebiger Weg zu einem abstrakten Punkt, auf dem uns zu guter Letzt auch noch ein Kreuz erwartet?

Gert Spilker
Bertram Winkler

## Über uns

Es begann mit dem Kanufahren. Als wir Ende der 70er Jahre damit anfingen, waren wir eine kleine Gruppe von ambitionierten Sportlern, die Neuland betraten. Bis dahin wurden vor allem wasserreiche Großflüsse mit gelegentlichen Wildwasserstellen befahren.

Neue, robustere Materialien in der Kajakfertigung eröffneten ganz neue Möglichkeiten. Plötzlich konnten wir auch kleine, gefällstarke Wildbäche befahren - mit Wasserfällen bis über 15 Meter hoch. Wir konnten in Gebiete gelangen, die bisher höchstens für einige Angler von Interesse waren. Dabei entdeckten wir Schluchten und Klammen, die mit nichts bisherigem vergleichbar waren. Zwischen 1984 und 1990 gelang uns im Wildwasserkajak die Erstbefahrung mehrerer Dutzend bis dahin vollkommen unbekannter Wildbäche im obersten Schwierigkeitsgrad. Mit dem Gleitschirm auf dem Rücken stiegen wir auf Berge, längst bevor das Paragliden Massensport wurde. Klettern und Skitourengehen stellten im Winter eine willkommene Abwechslung dar.

Der Reiz des Unbekannten lag dabei auch im eigenverantwortlichen Handeln. Grenzen wurden einzig durch uns selbst definiert. Jede persönliche Fehleinschätzung wurde direkt bestraft, jeder richtige Tip durch ein besonderes Erlebnis belohnt. Wir fühlten uns damals als Pioniere, und mit der Motivation des Entdeckers lernten wir mit jeder Schlucht, in die wir als erste vordrangen, mehr über Wasserstände, Strömungsformen und Wasserfälle. Aus diesen Erfahrungen entstanden zwei Wildwasserführer über unser Hausgebiet, das italienische Piemont und das Schweizer Tessin, Fernsehreportagen sowie eine Vielzahl von Foto- und Textbeiträgen in Fachzeitschriften.

Die Entdeckermotivation ist auch beim Canyoning unsere Haupttriebfeder. Intensive Orts- und Kartenkenntnis ermöglichte es uns, auch hier abseits der ausgetretenen Wege zu gehen und neue Klammen zu erforschen. Inzwischen können wir auf ein gutes Dutzend unfallfreie Canyoning-Jahre zurückblicken, d.h. auf viele wunderschöne Touren, darunter auch über 50 Erstbegehungen. Nach wie vor bedeutet jeder Canyon für uns ein besonderes Erlebnis und selbst auf der guten alten Standardstrecke gibt es immer wieder neue Perspektiven, einzigartige Lichtblicke und überraschende Veränderungen im Flußbett. Ein Fluß lebt...

| Symbole | | | | | |
|---|---|---|---|---|---|
| 🖐 | Achtung | 🛈 | Information | ☞ | Verweis |
| 📖 | Buchtip | ☺ | Tip | | |

Gefahr! Technik nicht anwenden!

# Einleitung

## Der Sport

Beim Canyoning versucht man, eine vom Wasser geschaffene Felsenenge der Länge nach zu durchschreiten. Dabei folgt man genau dem Weg des Wildbaches, bleibt stets am oder im Wasser. Canyoning ist also eine **amphibische Sportart**, die technisches Können und Wissen aus den Bereichen der Höhlenforschung (Speläologie), des Wildwasserfahrens und des Bergsteigens erfordert.

So läßt sich etwas trocken, aber durchaus realistisch der Canyonsport definieren. Angenommen Sie würden gerade bei schönem Wetter und genügend Wasser vom Zocratshio, unserem Lieblingscanyon im Tessin, kommen, würden Sie vielleicht folgendes Statement abgeben:

Canyoning bedeutet Gast zu sein in einer fremden, unbekannten Welt. In Jahrtausenden hat das Wasser des Flusses eine Kerbe mitten durch das Herz des Gebirges gesägt und dieser Spalt ist der einzige Zugang zu einem verborgenen Reich. Glasklares türkisgrünes Wasser, glattgeschliffener weißer Granit, von braunen Adern durchzogen: ein Farben- und Formenspiel, das in seiner Monumentalität beeindruckt.

Wir durchschwimmen tiefe, lichtdurchflutete Wasserbecken, lassen uns von der Strömung durch ausgewaschene Felsrinnen, Strudeltöpfe und Kolke treiben, gleiten auf dem Hosenboden über Naturrutschen hinab, tauchen in düstere Schlünde und Unterwasserhöhlen. Dann wieder seilen wir uns mitten durch sprühende Wasserfälle ab. Volldusche!

Dort, wo die Wasserbecken tief genug sind, können wir von Felsen hinabspringen. Nach dem Auftauchen aus dem sprudelnden Wasser haben wir Zeit, das Fundament der Berge aus der Froschperspektive zu bewundern: über und über gefaltete bizarre Felsformationen - was für eine phantastische Urlandschaft!

## Historisches

Im Zeitalter der Massenmobilität haben Kanufahren, Bergsteigen und Canyoning ihre ursprüngliche, jahrhundertealte Bedeutung verloren. Jawohl, auch Canyoning, denn neu ist nur der Begriff. Erst seit zwei oder drei Jahren hat sich diese Bezeichnung in Publikationen der Outdoor-Szene durchgesetzt. "**Schluchtenklettern**" hieß es davor in Bayern oder im trendigen Anglizismus auf halbdeutsch "Schluchting". Wir gehen lieber gleich aufs Ganze und nennen es "Canyoning", selbst wenn wir damit riskieren, daß uns nur wenige verstehen. In Analogie zum Alpinisten bezeichnen wir den Canyoning Ausübenden als "Canyonist", das klingt besser als (ein vermeintlich hinterwäldlerischer) "Schluchtler".

Doch Hochmut ist fehl am Platz, denn tatsächlich liegt der **Ursprung des Canyoning** im hintersten Wald. Vor rund 100 Jahren wurde das Brennholz in den industriell revolutionierten mitteleuropäischen Großstäden knapp und man begann systematisch, hochgelegene Bergwälder zu roden. Nun mußte das geschlagene Holz zu Tal transportiert werden, und da man es nicht auf dem Rücken über schwindelerregende Abgründe schleppen wollte, warf man die Stämme lieber gleich in die Tiefe. Anschließend wurde ein Staubecken aufgerissen, eine Flutwelle schoß durch die Schlucht und spülte alle Stämme hinab. Erst weit unten, im Haupttal, wurden die Hölzer gesammelt, zu Flößen zusammengebunden und in die Städte geflößt.

In engen Schluchten und Klammen kam es gelegentlich vor, daß sich Stämme verkeilten und das nachfolgende Holz zurückhielten. Dann mußten ein paar Knechte in den Felsspalt hinab und mit Seil, Säge und Axt das Bollwerk entfernen. Heute müssen wir uns verneigen vor dem, was damals mit einer geradezu archaischen Ausrüstung geleistet wurde. Die spezielle Art des Holztransports mittels Flutwelle wurde **Trift** genannt, auch jetzt noch führt durch manche Klamm ein **Triftsteig**, ein kleiner, wackeliger Laufsteg, stets wenige Meter über dem Wasser.

Holztrifter sind also die wahren Urgroßväter des Canyonings. Doch was früher schweres Tagewerk für knochenharte Burschen war, ist heute Abenteuer, Naturerlebnis und Freizeitvergnügen. Schließlich müssen wir auch keine Baumstämme mehr wegschaffen.

## Aktuelle Tendenzen

Kein anderer Naturraum ist in den letzten 50 Jahren so umfassend und vollständig vom Menschen verändert worden wie unsere Alpenflüsse. Stauseen wurden gebaut, Ufer begradigt, Auenlandschaften planiert. Was früher ein zusammenhängendes Ökosystem darstellte, ist heute nur noch in winzigen Oasen vorhanden. Das kulturelle Erbe der Holztrift verschwand fast spurlos - und mit ihr die urprüngliche Form des Canyonings.

Erst vor wenigen Jahren begann die Renaissance einer Sportart, die sich damals ihrer Wurzeln gar nicht bewußt war. Am Südrand der **spanischen Pyrenäen**, in der Sierra de Guara, stiegen erstmals 1955 Speläologen in die Tiefen des Mascún. Zehn Jahre später wurden Canyons in **Mallorca** erstbegangen. Doch erst Anfang der 80er Jahre wurde Canyoning in der Sierra de Guara regelmäßig praktiziert.

Zur selben Zeit und unabhängig davon entwickelte sich das **alpine Kajakfahren,** und manch ein Wildwasserfahrer stieg erst einmal bei Niederwasser in die Klamm, um sie auf eine mögliche Befahrbarkeit abzuchecken - auch er wußte nicht, daß er eigentlich Canyoning betrieb.

Innerhalb der letzten zehn Jahre breitete sich Canyoning in **Frankreich** aus, und insbesondere die letzten fünf Jahre sind geprägt von einem regelrechten Boom. Schon gibt es bei unseren Nachbarn mehr Literatur über Canyoning als über Kanufahren und kaum einen Canyon, in dem man heute noch für sich alleine ist. In Frankreich wurde die Grenze zum Massensport schon überschritten.

In den **Nord- und Ostalpen** ist Canyoning erst seit zwei bis drei Jahren bekannt. Der Boom des kommerziellen Raftings flachte ab und viele Firmen sahen sich nach zusätzlichen Standbeinen um. Allein in der Schweiz gibt es inzwischen 13 Anbieter, Tendenz steigend.

Konflikte mit **Anglern**, die Gewässer gerne für sich alleine beanspruchen und ihren Sport als alleiniges, weil geschichtlich am tiefsten verankertes Nutzungsrecht betrachten, sind unausweichlich. Angler fühlen sich durch Canyonisten gestört, Fische weniger. Uns ist kein Fall bekannt, bei dem ein Fisch von einem Canyonist getötet wurde - doch Angler sind zu eben diesem Zweck am Fluß. Mancherorts ist die Auseinandersetzung bereits eskaliert. So schlagen Angler z.B. Sicherungshaken kaputt - ohne zu ahnen, daß sie sich dabei unter Umständen der fahrlässigen Tötung (eines Menschen) schuldig machen.

In der Regel allerdings begegnet man freundlichen Anglern, die den Pfad zum nächsten Wanderweg weisen oder wichtige Hinweise auf Wasserfälle, Klammstrecken oder andere Gefahren geben können.

Hierzulande übt nur jeder zwanzigste Canyonist seinen Sport individuell aus - die notwendigen Informationsbörsen wie Bücher, Zeitschriften oder Vereine müssen erst noch geschaffen werden. Doch es ist abzusehen, daß Canyoning zum alpinen Trendsport der Jahrtausendwende wird, in keiner anderen Sportart ist der Kontakt mit den Naturelementen so direkt.

Seit 1995 existiert der **Deutsche Canyoning-Verein**. Er ist ein wichtiges Forum, ein Sammelbecken der aktivsten, besten und erfahrensten Canyonisten Deutschlands. Noch ist nicht abzusehen, welche Impulse von dieser Konzentration der deutschen Szene ausgehen werden.

**Wie und wo gibt's frische Fische?**

OutdoorHandbuch (Band 21)
ISBN 3-89392-121-4 / DM 12,80

# Der Canyon

Im Canyon sind die beiden Elemente Wasser und Fels untrennbar miteinander verknüpft. Ohne seitliche Felswände würde der Fluß auseinanderlaufen, sich verzweigen und anfangen zu mäandrieren. Und ohne Wasser wäre der Canyon gar nicht geschaffen worden, denn schließlich sind es die Hochwasser, die in jahrtausendelanger Arbeit einen Spalt in das Gebirge mahlen. Sie befreien den Canyon von herabstürzenden Gesteinsmassen und räumen Sand, Steine und abgestorbene Pflanzen heraus.

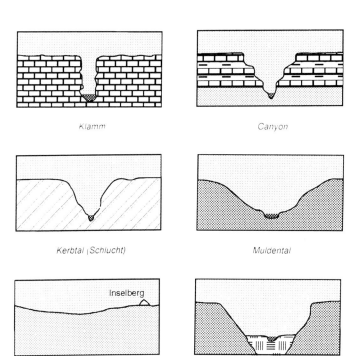

*Charakteristische Talquerschnitte*

## Was ist ein Canyon?

Ein **Canyon** im streng geomorphologischen Sinn ist ein treppenartig abgestufter, V-förmiger Einschnitt in eine Hochebene, der vom bereits vorhandenen Fluß geschaffen wurde, während sich die Ebene anhob. Schluchtenwanderer verwenden den Begriff Canyon in seiner französischen Bedeutung als Überbegriff auch für alpine Schluchten und Klammen, deren Entstehungsgeschichte aber eine vollkommen andere ist.

Unter **Schlucht** oder **Klamm** versteht man eine extreme Geländedeformation, bei der steile, in der Klamm senkrechte oder überhängende Berghänge das Flußbett zu beiden Seiten einfassen. In einer Schlucht ist es noch möglich, an einem der beiden Ufer trockenen Fußes den Fluß entlangzuwandern. Werden die Felswände so steil, daß man klettern muß, und rücken sie so nah an den Fluß, daß bei Normalwasserstand kein Platz mehr auf den Uferstreifen ist, so spricht man von einer Klamm. Wandern wir also längs des Flusses, so müssen wir bei einer Klamm durch das Wasser.

## Entstehung des Canyons

Alles fließt. Durch natürliche Erosion wird weltweit alle 14 Jahre ein Millimeter Erdkrume abgetragen und ins Meer gespült, spätestens nach 14 Mio Jahren Wind und Wetter würde die Vision von Kevin Costners Waterworld auch ohne Treibhauseffekt Realität.

Trotz ihres Alters von 5.000 Mio Jahren ist unsere Mutter Erde aber recht hügelig. Das verdanken wir dem Umstand, daß sie im Innern immer noch nicht ganz zur Ruhe gekommen ist. Erdplatten, groß wie Kontinente, treiben auf einer glühenden Magma hin und her, schrammen aneinander - dann gibt es ein Erdbeben - oder schieben sich übereinander - dann faltet sich ein Gebirge auf. Diese Gesteine werden von Abertausenden Flüssen zersägt, zerkleinert und ins Meer zurückverfrachtet. Was dort ankommt, ist zu 90% chemisch gelöst bzw. als feines Sediment im Wasser suspendiert. Der Rhein in Rotterdam transportiert keine Felsen mehr.

Je nach Alter, Wasserstand, Gefälle und Beschaffenheit des Untergrundes hat ein Fluß vollkommen unterschiedliche Gesichter.

Das **natürliche Flußbett** ist kein statisches Gebilde; bei jedem Hochwasser verändert es sich. Dabei besteht ein empfindliches Gleichgewicht zwischen den Gesteinsmengen, die von der Hauptströmung sowie aus den Seitentälern hinzukommen, und denen, die abtransportiert werden.

In der **Abtragungszone** ist die erosive Kraft des Wassers so stark, daß mehr fortgerissen wird - das Flußbett tieft sich ein. Dagegen ist in den **Ablagerungs- und Schwemmzonen** die Schleppkraft so gering, daß der Fluß die Gesteine wieder liegen läßt: zuerst die großen Brocken, dann den Kies, schließlich den Sand. Im flachen Gelände bildet sich ein **Delta**, der Fluß füllt sein eigenes Bett soweit auf, bis es ihm zu hoch liegt und er in das Umland ausbricht.

Wenn man einen Fluß begradigt, erhöht sich wegen der kürzeren Fließstrecke das **Gefälle**, außerdem nimmt die Anzahl der **Wasserwirbel im Uferbereich** ab. Die Fließgeschwindigkeit wird größer, die Erosionsfähigkeit nimmt zu, der Fluß beginnt, sich einzutiefen. Als Folge sinkt das Grundwasser, Uferpartien rutschen nach - schließlich bauen Landschaftsplaner Wehre, Staustufen und Geröllfänger ins Flußbett.

Auch in einer **Klamm** wird das Flußbett verengt. Bei Hochwasser steigt der Pegel mehr als 20 m über Normalniveau, die Schleppkraft nimmt unvorstellbar gewaltige Ausmaße an. Metergroße Gesteinsbrocken werden durch den Spalt gedrückt und alles, was nicht niet- und nagelfest ist, wird mitgerissen.

Die Klamm in den Alpen ist nach erdgeschichtlichen Maßstäben ein junges Küken. Es schlüpfte nach der letzten Eiszeit, denn dort, wo z.B. ein kleiner Eisstrom in den Hauptgletscher mündete, schob er sich obendrauf, das Seitental wurde vom Eis weniger stark eingetieft. Nach dem Abtauen hatten die Schmelzwasser dann im Mündungsbereich einen großen Höhenunterschied zum Haupttal zu überwinden (Hängetal), ihre Tiefenerosion wurde so stark, daß die Hangerosion der Talwände nicht mithalten konnte - die Klamm entstand.

Irgendwann wird die rückschreitende Erosion diesen Flußabschnitt durchwandert haben und sich das größte Gefälle in den Oberlauf verlagern. Die unveränderte Hangerosion wird die Talwände abtragen und abflachen, die Klamm verfällt zur Schlucht.

*Junger alpiner Fluß*

*Alter Fluß*

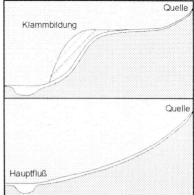

Beim Übergang ins Haupttal erhöht sich das Gefälle der noch jungen alpinen Flüsse (Hängetal). Reife oder alte Flüsse weisen ein ausgegliceneres Gefälleprofil auf, haben aber keine Klammen.

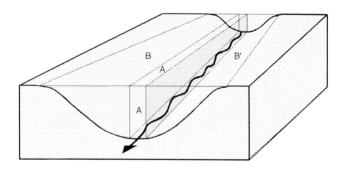

Erosionsschema eines Flusses. Der Bereich A wurde durch Tiefenerosion abgetragen, der Bereich B durch Hangerosion. Deutlich erkennt man, daß nur dann eine Klamm entstehen kann, wenn die Tiefenerosion überwiegt.

## Klammarten

In den unterschiedlichen Gesteinsarten bilden sich eigene charakteristische Klammformen heraus. **Konglomerat** und **Nagelfluh** sind relativ weich mit buckeliger Oberfläche, im Fluß liegt jede Menge kleinkörniger Schotter (Schwimm- und Laufcanyons ☞ Technik). Beim **Kalk** kann es vorkommen, daß alles Wasser plötzlich versickert oder daß der Wasserstand auch ohne Seitenfluß durch Karstquellen ansteigt (Trockencanyons, Höhlencanyons). Manche Kalkfelsen erinnern an Schweizer Käse: sie haben scharfe Kanten und sehr glatte Flächen. **Kalkstein** löst sich gut in säurehaltigem Wasser, z.B. in Kohlensäure, das sich aus dem Kohlendioxid der Luft bildet. Kalk verwittert zu rotem lehmigen Boden.

Je feuchter das Klima, desto stärker ist der Kalk erodiert: Im tropischen Südchina stehen nur noch zahnstocherähnliche Stümpfe eines Kalkgebirges, dagegen ist in der Trockenheit Arizonas Kalk das widerstandsfähigste Gestein überhaupt (Grand Canyon, obere Schichten). In halbwüstenartigen Kalkgebieten ist die Wasserführung der Bäche noch kontinuierlich, so daß sie sich permanent eintiefen können. Andererseits sind die Niederschläge so spärlich, daß die Canyonwände kaum angelöst werden; so bilden sich beeindruckend enge und tiefe Klammen.

**Granit** verhält sich entgegengesetzt, er ist polykristallin und in trockenen Klimazonen weniger verwitterungsbeständig. Durch Temperaturunterschiede und einfrierende Restfeuchtigkeit spalten sich oberflächenparallele Gesteinsschalen ab. Granit ist rauh, die Wasserfälle sind meist tief ausgespült, die Felsen groß und abgerundet, das Wasser ist nährstoffarm und glasklar. Die besten Granitcanyons finden wir in Gegenden mit den höchsten Niederschlagsspitzen (z.B. Réunion).

Ist das Gestein geschichtet, bilden sich langgezogene **Balkone**. Stehen die Schichten schräg, macht der Fluß den größten Höhenunterschied dort, wo er eine harte Schicht durchstoßen muß. Diese Stellen erkennt man oft schon auf der Landkarte an einem **markanten Knick** im Flußverlauf.

## Wasserqualität im Canyon

Jeder kennt die Brühe, die uns täglich als Trinkwasser aus dem Hahn tropft. Da wird ein zunehmend mieseres Rheinwasserfiltrat mit Chlor aufgepeppt, eine deutsche Härte von 25 Grad ist jenseits aller Dosierungshinweise der Waschmittelindustrie; nicht geeignet, den Geschmack einer Tasse Tee zu verbessern.

Statt dessen haben wir unseren Lieblingswasserfall mit einem Kanister "gemolken": sauerstoffgesättigt, pH-neutral, kalkfrei und mit wertvollen Spurenelementen angereichert. Für die kopfschüttelnden Einheimischen ein Beweis mehr, daß die Städter nicht alle Tassen im Schrank haben. Für mich, den Stadtneurotiker, ein Tonikum für Psychen und Geschmacksnerven und ein Grund, die Tassen aus dem Schrank zu packen: so wird die Kanne Darjeeling zur kultischen Handlung.

Ohne großen Aufwand läßt sich die Qualität des Wassers anhand der darin vorkommenden Lebewesen bestimmen. Beim **Saprobiensystem** unterscheidet man in die Klassen I (= unbelastet) bis IV (= verschmutzt) und trägt sie farbig in Gewässergütekarten ein. Je mehr Sauerstoff gelöst ist, desto besser die Qualität. Die Lösbarkeit des Sauerstoffs ist von der Wassertemperatur abhängig, im Winter bei 0 °C lösen sich maximal 14,2 mg $O_2$ pro Liter, im Sommer bei 25 °C nur noch 8,1 mg.

Der Sommer ist aber auch die Zeit mit der größten biologischen Aktivität. Algen und Bakterien vermehren sich explosionsartig, wenn sie absterben, wird Sauerstoff für die Zersetzung verbraucht. Dann genügt es, wenn ein Bauer seinen Güllewagen reinigt, und Organismen, die viel Sauerstoff benötigen, schwimmen plötzlich bäuchlings obenauf - allen voran die Bachforelle, deren Kiemen bei weniger als 5 mg $O_2$ pro Liter versagen.

Einzeller und Pilze, die organische Substanzen ohne Sauerstoff abbauen, vermehren sich verstärkt. Sie hätten in einem intakten sauerstoffreichen Ökosystem keine Chance; sie produzieren giftige Faulgase wie **Schwefelwasserstoff**, der Geruch von Stinkbomben. Die Häufigkeit der durchfallerzeugenden Kolibakterien ist ausschlaggebend, um Badeseen rechtzeitig zu sperren. Gewässer mit 100.000 Bakterien pro Liter gelten als unbelastet (Güte I), Gewässer mit 1.000 Mio und mehr Bakterien pro Liter stehen vor dem Umkippen (Güte IV).

Auch einige höhere Lebewesen passen sich den veränderten Bedingungen an. Zuckmückenlarven überieben sowohl in Fäkalgruben als auch in 80 °C heißen Quellen. Rattenschwanzlarven schlürfen mit ihrem auffallenden Schwanz an der Wasseroberfläche

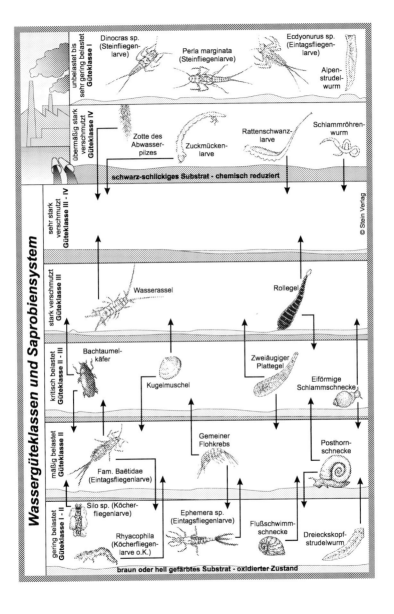

Luft. Schlammrohrwürmer erreichen im Hamburger Hafen Populationsdichten von 1 Mio pro Quadratmeter, der Aquariumsbesitzer kennt sie als Fischnahrung (Tubifex). An Kühlwassereinleitungen von Kernkraftwerken erwärmt sich der Fluß auf konstante 30 °C, dort fängt man inzwischen zentnerschwere Karpfen!

Dieses neue Ökosystem ist also nicht tot, was ihm fehlt, ist die Vielzahl der verschiedenen Arten (Diversität). Artenvielfalt bedeutet aber das Vorhandensein der gesamten Nahrungskette, jedes Lebewesen ist Grundlage für die Existenz eines anderen: Alge frißt Nährsalze und braucht Sonnenlicht, Larve frißt Alge, Fisch frißt Larve, Schlange frißt Fisch und Vogel frißt Schlange. Es gibt nur wenige Gebiete auf unserem Globus, in denen der Mensch noch nicht in diese Kette eingegriffen hat.

## Fauna und Flora im Canyon

## Rotalge

Sie ist ein Indikator für die Wassergüteklasse I. Dennoch gedeiht sie in Flüssen, die leicht mit Dünger und Fäkalien belastet sind, besonders gut. Im sauerstoffreichen Wasser werden Phosphor und Stickstoff vollständig oxidiert, die eingeleiteten Nährsalze aber beschleunigen das Wachstum von **Rot-**, **Blau-** und **Gelbalgen**. Sie machen Canyoning zur echten Schlitterpartie, und nur ein kräftiges Hochwasser mit Sand- und Steinverfrachtung schafft es, den Algenrasen wieder abzuscheuern.

## Insekten

Viele Insekten verbringen ihre Kindheit als Larven in Wildflüssen. Obwohl man sie leicht übersieht oder als lästig empfindet, sind sie von größter Bedeutung für das Ökosystem Canyon. Sie dienen als Nahrungsgrundlage für zahlreiche höhere Arten, und wir sollten uns vorsehen, auf ihnen herumzutrampeln.

Die Larven der **Eintagsfliegen** leben in Kehrwassern. An warmen Abenden tanzen die geschlüpften Fliegen in großen Gruppen über das Wasser. Sie sind leicht zu erkennen an den drei Schwanzfäden und den in Ruhelage senkrecht nach oben gestellten Flügeln. Die Augen haben seitlich keinen Platz und liegen auf der Körperoberseite. Der Darm ist mit Luft gefüllt, ein Mund existiert nicht mehr. Ihr nur Stunden dauerndes Fliegendasein schaffen sie ohne Nahrungsaufnahme, es dient einzig der Vermehrung und der Fortbewegung flußaufwärts. Ohne diesen Instinkt würden sie innerhalb weniger Generationen in tiefere Flußregionen abgetrieben.

Bei ihrer kurzen Lebenserwartung muß die ausgewachsene Fliege keine ökologische Nische besetzen, darum sehen sich alle Arten ähnlich - obwohl sie im Larvenstadium noch leicht unterscheidbar sind.

Die Eintagsfliege ist eine der ältesten Insektenarten, ihr Überlebenskonzept hat sich seit 300 Mio Jahren bewährt (zum Vergleich: Dinosaurier traten vor 225 Mio Jahren auf den Plan und wurden vor 65 Mio Jahren "immer trauriger", denn ihr Überlebenskonzept scheiterte; die Entwicklung des Menschen begann vor 3 Mio Jahren).

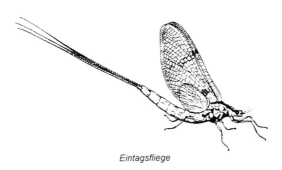

*Eintagsfliege*

Die "Spinne" unter den Larven im Canyon ist die **Köcherfliegenlarve**. Mit einem Seidenfaden baut sie sich ein rohrförmiges, etwa 1 cm langes Häuschen ("Köcher") aus Sand und Steinchen. Die "nackten" Arten befestigen sich mit dem Faden in der Strömung an einem Stein - sie legen genauso wie der Kletterer in der Wand ihre eigenen Zwischensicherungen. Auch bauen sie sich ein Fangnetz, in das die Strömung allerlei Nahrhaftes treibt. Die ausgewachsene Köcherfliege gleicht einer Motte und lebt nur wenige Tage.

Auch **Kribbelmückenlarven** können spinnen. Mit einer Haftscheibe am Hinterleib macht sich die Larve auf einem Stein fest, bei Ausflügen nutzt sie den Faden als Sicherungsleine, an der sie sich zurückziehen kann. Ausgewachsene Kribbelmücken können schmerzhaft stechen, bei Massenbefall sind schon Rinder umgekommen.

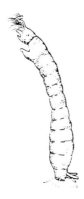
Kribbelmückenlarve

Lidmückenlarve mit Haftorganen

Jeder Canyonist hat schon unbeabsichtigt **Steinfliegen** in einer Höhle am Flußufer aufgestöbert. Sie können im Gegensatz zur Eintagsfliege nur schlecht fliegen und werden deshalb auch als Uferläufer bezeichnet. In Gewässern der Güteklasse I finden wir ihre Larven auf der lichtabgewandten Seite jedes größeren Steines. Man kann sie leicht von den Eintagsfliegenlarven unterscheiden: sie tragen nur zwei Schwanzfäden und ihre Augen liegen mehr seitlich. Sie kommen als harmlose Algenfresser vor, es gibt aber auch bis 4 cm große räuberische Arten, die ihre Nachbarn, die Eintagsfliegenlarven, verspeisen. Auch vor vegetarisch lebenden Verwandten machen sie keinen Halt, und ungeschickt zufassenden Canyonisten beißen sie in die Finger.

Alle Larven nutzen strömungsarme Gebiete im Wildbach. Einzige Ausnahme ist die **Lidmückenlarve**, sie besitzt auf der Bauchseite sechs Saugnäpfe und heftet sich damit so fest mitten in die Strömung, daß sie nur mit dem Taschenmesser vom Fels zu lösen ist.

## Schnecken und Muscheln

Nur die **Flußnapfschnecke** kann sich mit ihrer mützenförmigen Schale und dem klebrigen Schleim im fließenden Wasser auf Steinen halten. Dort weidet sie den Algenrasen ab.

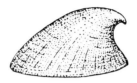

*Flußnapfschnecke*

Die **Erbsenmuschel** ist 7 bis 10 mm groß und fast kugelförmig, sie lebt in Strömungslücken zwischen grobem Geröll.

Besonders empfindlich ist die **Flußperlmuschel**, sie überlebt nur in Gewässern allererster Güte. Um die Jahrhundertwende mußten junge preußische Offiziere eine Karte anfertigen, in der die Bestände eingetragen wurden. So wissen wir, wie sich die Qualität unserer Gewässer verschlechtert hat - heute gibt es nur noch ganz wenige oberbayerische Bäche, in denen sie vorkommt. Typisch ist die schwarze Außenhaut, die im Bereich des Wirbels stark abgeschliffen ist. Hier befindet sich die Mundöffnung; sie ist gegen die Sand und Nahrung mitführende Strömung gerichtet, wird also ständig "gesandstrahlt".

Die Flußperlmuschel entwickelte eine interessante Strategie, um stromaufwärts zu kommen: Muschellarven nisten sich in die Haut junger Bachforellen ein. Später wandern die kräftigeren Forellen flußaufwärts. Dort lassen sich die inzwischen entwickelten Muscheln fallen.

## Krebs

Im Wildwasser gibt es nur wenig Moos und Algen, 66% aller Kleinlebewesen sind auf Laub als Nahrung angewiesen. Der 1 bis 2 cm große **Bachflohkrebs** wandelt diese schwer verwertbaren Pflanzenteile in "fleischliche" Nahrung um und dient als Lebensgrundlage z.B. für die Bachforelle.

Um selbst nicht mitgerissen zu werden, schwimmt der Bachflohkrebs ständig gegen die Strömung an. Dabei schlägt er seine Hinterenden bis unter die Brust, um dann den Körper sofort wieder zu strecken. Außerdem ist er seitlich stark abgeflacht; auf der Seite liegend bietet er dem Wasser kein großes Hindernis.

## Fische

Damit ein Flußabschnitt dauerhaft von **Bachforellen** besiedelt werden kann, müssen Grenzräume vorhanden sein, d.h. Bereiche starker Wasserbewegung wie Stromschnellen oder Stufen und Bereiche geringer Bewegung wie Kehrwasser, in denen sich die Forelle, wenn sie auf Beute lauert, aufhalten kann. Zur Laichablage benötigt sie strömungsarmen, steinig-kiesigen Untergrund, häufig ist das der Uferbereich. Der erste Aufenthaltsort der geschlüpften Jungen kann im Lückensystem des locker-kieseligen Bachbettes bis zu einem halben Meter unter dem Bachboden sein. Bevorzugte Nahrungsmittel sind Insektenlarven und Algen, die zum Wachstum Sonnenlicht benötigen (Photosynthese). Außerdem muß der Fluß ganzjährig Wasser führen.

Selten werden im Kernbereich eines Canyons alle Bedingungen erfüllt. Alttiere haben ein festes Revier, das sie normalerweise nicht verlassen. Nur die Jungfische müssen neue Flußabschnitte besiedeln, wollen sie nicht von ihren Eltern als willkommener Leckerbissen verspeist werden.

Die Strömung sorgt dafür, daß die Besiedlung vor allem flußabwärts geschieht. Nur bei Hochwasser kann die Bachforelle Stufen überwinden, die höher als 50 cm sind. Trotzdem wird man manchmal auch in Oberläufen auf Forellen treffen. Diese Populationen sind künstlich ausgesetzt.

Fast überall sieht man statt dessen die **Regenbogenforelle**, eine nordamerikanische Verwandte. Sie ist deutlich zu unterscheiden an den rein schwarzen Flecken auf ihrem Körper im Gegensatz zu den hellbehöften roten Flecken der Bachforelle.

Die Regenbogenforelle ist wesentlich unempfindlicher gegen Wasserverschmutzung und Streßbiotope, kann sich also auch an Stellen halten, die für Bachforellen unbewohnbar sind. Im großen Stil wird sie von Anglern ausgesetzt und verdrängt mit ihrer robusteren Konstitution die letzten Restpopulationen der Bachforelle.

Wer also im Canyon eine echte Bachforelle sichtet, sollte wissen, daß es sich hier um eine Rarität handelt. Er kann seinen Kanister getrost mit bestem Teewasser füllen; es gehört nämlich zur Güteklasse I. Und genau das machen wir trotz des Hinweises eines Canyoningkollegen aus den USA: "Don't drink water, fishes are fucking in it".

## Bachneunauge
Die Mundpartie des aalähnlichen Bachneunauges ist zu einem höchst effektiven Saugapparat umgestaltet. Mit ihm kann es sich sowohl an Steinen festheften als auch zur Nahrungsaufnahme an die Forelle (Fleisch und Blut).

## Goppe
Die Goppe gibt es relativ häufig, sie besitzt in Anpassung an die Bachströmung keine Schwimmblase und kann sich problemlos in der strömungsarmen Grenzschicht am Bodengrund und im Lückensystem des Bachbettes aufhalten. Aus dem gleichen Grund ist ihr Körper ziemlich breit und flachgedrückt, die Augen sitzen fast auf der Kopfoberseite, um vom Bachgrund aus die Beute optimal fixieren zu können.

Ganz allgemein gilt, daß Fische einen extrem großen Gesichtskreis haben - nicht umsonst werden in der Fotografie starke Weitwinkelobjektive als "Fisheye" bezeichnet. Sie können auch über die Wasseroberfläche sehen, wobei ihr Sehbereich durch die Lichtbrechung noch einmal vergrößert wird.

## Fledermäuse
Jeder hat schon einmal den Zickzack-Flug der Zwergfledermaus um Straßenlaternen herum oder die Silhouette des Abendseglers gegen den dämmerungshellen Abendhimmel gesehen. Beide Arten sind Kulturfolger; sie haben sich der menschengemachten Umgebung angepaßt und hausen in Hohlräumen hinter Fassaden und Rolladenkästen. Ihre Bestände sind relativ konstant. Alle anderen Arten (von insgesamt 86 kommen 22 in Europa vor) sind stark gefährdet, 54 stehen auf der Liste der bedrohten Arten.

Ebenfalls auf der Roten Liste steht die europäische **Bulldog Fledermaus**. Sie bevorzugt Höhlen in hohen Canyon-Wänden, ist aber auch in Spalten von Uferfelsen anzutreffen. Sie ist ein sogenannter Patrouillen-Jäger, jagt also in relativ großer Höhe (5 bis 10 m) ohne viele Flugmanöver. Deshalb ist ihr Sonar auf weitreichende Groberkennung eingestellt und auch für die Menschen hörbar. An den Tsick-tsick-Lauten und schrillen Pfiffen kann man sie leicht erkennen.

Noch vor einhundert Jahren nahm man an, daß Fledermäuse mit dem Körper ihre Umgebung erspüren. Heute wissen wir, daß sie ein Ultraschallortungssystem (Sonar) benutzen; sie nehmen die Umgebung wahr durch Abhören der reflektierten Schallwellen (Echo). Ähnlich wie bei Radiosendern (UKW-MW-LW) gilt: Je höher der Peilton, desto kürzer die Schallwelle und um so feiner die Erkennung, aber um so weniger weit reicht das Signal.

Dies ist wichtig für einen weiteren Canyonbewohner: die **Hufeisennase**. Diese Spezies "schreit" mit der Nase, ein hocheffektiver Schallsender zur Detailerkundung der direkten Umgebung. Sie ist ein Ansitzjäger und muß Insekten meist in Bäumen hängend oder sehr langsam fliegend auch vor bewegtem Hintergrund erkennen, z.B. vor belaubten Ästen. Der Peilsender der Hufeisennase ist entsprechend höher (80 kHz gegenüber 18 kHz) und für den Menschen unhörbar. Wegen ihrer Jagdstrategie ist sie viel schwerer zu beobachten, falls man sie aber einmal am Boden findet, ist sie leicht an der hufeisenförmigen Nase zu erkennen.

Die Sonarerkennung bringt der Fledermaus den Vorteil, auch nachts fliegen zu können - damit erschließt sie sich eine ökologische Nische. Andererseits gewinnt sie nur eine beschränkte Vorstellung von dem Aussehen ihrer Umgebung. Sie kann keine längeren Strecken gezielt und frei durch den Raum zurücklegen.

Um zu einem Fernziel zu gelangen, ist sie auf viele tausend kleinste Erinnerungen an Sonareindrücke angewiesen, z.B. auf Baumreihen und Felsen. Deshalb beobachtet man Fledermäuse häufig in Grenzräumen wie zwischen Wasser und Land, Wald und Wiese, Fels und Wald.

Fledermäuse verzehren täglich 25 bis 50% ihres Körpergewichtes an Insekten, und als die Vampirfledermaus und einige ihrer Artverwandten wegen Tollwutbekämpfung in unseren Breiten ausgerottet wurden, nahm die Insektenplage drastische Ausmaße an.

Weitere Arten sind **Langflügelfledermaus** und **Mopsfledermaus**, in breiteren Canyons mit langsam fließenden Abschnitten auch die **Wasserfledermaus**. Sie hat eine Schwanzflughaut zum Beutefang. Es ist belegt, daß Forellen Jagd auf die nur wenige Zentimeter über der Wasseroberfläche jagende Fledermaus machen.

## Vögel

Direkt am Bach findet man vor allem die **Gebirgsstelze** und die **Wasseramsel**. Beide Arten brüten auch unmittelbar am Wasser in Felsspalten oder Uferbewachsungen. Sogar ihre Nahrung beziehen sie aus dem Bach. Während die gelbbäuchige Gebirgsstelze auf dem Wasser treibende Insekten fängt, stürzt sich die weißbelatzte Wasseramsel für Insektenlarven mitten hinein. Sie kann auf dem Bachgrund herumlaufen, Steine umdrehen und sich auch unter Wasser schwimmend fortbewegen.

Der blaugrüne **Eisvogel** ist ein reiner Fischjäger und brütet in selbstgebauten Röhren im Uferschlamm direkt am Wasser.

Im Waldbereich am Schluchtgrund leben **Eichelhäher, Amsel, Waldbaumläufer, Sommergoldhähnchen, Nachtigall** und **Buntspecht**.

Etwas weiter oben **Steinkauz, Zwergohreule, Blaumerle, Berglaubsänger, Mauerläufer, Baumfalke, Mäusebussard** und **Steinrötel**.

Im oberen Bereich des Canyons, wo felsige Gebiete durch Sonnenbestrahlung thermisch aktiv werden, gibt es **Wander-, Stein-, Schlangen-** und **Zwergfalke, Roter** und **Schwarzer Milan, Bartgeier** (= Lämmergeier), häufig auch **Gänsegeier, Steinadler, Felsen-** und **Mehlschwalben, Alpensegler, Kolkrabe, Hohltaube** und in großen Scharen die **Alpenkrähe**.

## Amphibien

Der schwarzgelbe **Feuersalamander** ("Lurchi") ist nachts im Canyon aktiv. Doch auch an regnerischen Tagen im April kann man ihn beobachten, weil das Weibchen jetzt 20 bis 50 Larven gebärt, die unbedingt fließendes Gewässer zur Entwicklung benötigen. Die Larven sind bräunlichgrau und halten sich in Kolken auf.

Der schwarze **Alpensalamander** gebärt auch lebende Larven; sie sind viel weiter entwickelt und damit auch größer als die Larven des Feuersalamanders. Lediglich zwei bis vier Larven bringt das Weibchen zur Welt. Sie haben den Entwicklungsschritt im Wasser übersprungen und sind rein landlebend, also keine echten Amphibien mehr.

Wenn wir in südeuropäischen Canyons eine Kröte antreffen, handelt es sich meist um die **Geburtshelferkröte**. Tagsüber versteckt sie sich unter Steinen; deshalb wird man sie höchstens bei regnerischem Wetter live erleben. Von April bis August ist ab beginnender Dämmerung das typische Zeitzeichenton-Werben zu hören: hohe melodische Pfiffe. Die Männchen wickeln sich nach erfolgreicher Eibefruchtung die Eistränge um die Hinterbeine und tragen sie ca. fünf Wochen bis zum Schlüpfen der Larven mit sich herum - nomen est omen.

Außerdem gibt's im Canyon **Mauer-**, **Smaragd-**, **Berg-** und **Zauneidechse**, **Gras-** und **Springfrosch**, **Gelbbauchunke**, **Erd-**, **Kreuz-** und **Knoblauchkröte**.

## Schlangen

Relevant für den europäischen Canyon sind Ottern und Nattern, die Mitglieder beider Familien sind giftig. Das Gift der **Nattern** hat allerdings für den Menschen keine Bedeutung, da die Giftzähne im hinteren Drittel des Oberkiefers liegen. Sie sind äußerst scheu, bei den sehr seltenen aggressiven Begegnungen kommt es schlimmstenfalls zu stark blutenden Bißverletzungen. Entfernt man die abgebrochenen Zähne aus der Wunde, verheilt sie schnell.

Dagegen gehören zur Familie der **Ottern** einige der giftigsten Schlangen Europas (z.B. die Sandotter auf der Balkanhalbinsel), ernsthaft gefährdet ist der Canyonist aber nur durch die **Aspisviper**. Ihre Giftzähne sind die beiden vordersten Zähne auf jeder Seite im Oberkiefer. In Ruhestellung sind sie in zwei Schleimhauttaschen nach hinten geklappt. Nach einmaliger Benutzung werden sie wie Einwegspritzen beim Arzt durch die folgenden Reservezähne ersetzt. Das Gift wirkt insbesondere auf Blutzellen zerstörend.

Tödliche Unfälle kommen äußerst selten vor; das Antiserum gehört zur Standardausrüstung jedes Krankenhauses im Verbreitungsgebiet der Schlangen.

Ottern lassen sich leicht an dem gedrungenen Körper und ihrem kleinen dreieckigen, deutlich mit einer Halsregion vom Hauptkörper getrennten Kopf von den ungefährlichen Nattern unterscheiden.

Jahrtausendelang wurden Schlangen vernichtet - wir Canyonisten sollten sie still beobachten und in Ruhe lassen.

*Otter*

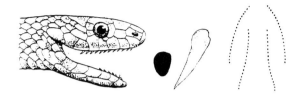

*Natter*

Treffender kann ein Name kaum sein: Kommt man in die Nähe der **Gelbgrünen Zornnatter** (Italien, Frankreich; 140 cm, max. 180 cm), fängt der agile Jäger sofort an zu beißen und zu würgen. Mit ihrer überschäumenden Aggression wird sie sogar mit der gefährlichen Sandotter fertig. Die Zornnatter hat eine dunkle Grundfarbe und von der Schwanzspitze an gelbgrüne Längsstreifen, die sich Richtung Kopf netzartig auflösen. Ihr Lebensraum sind großflächig mit Geröll durchbrochene Macchiahänge. Wir sind ihr schon zweimal begegnet: auf dem Weg zum Einstieg und schwimmend mitten im Fluß.

Die **Glattnatter** (fast in ganz Europa; 60 bis 70 cm) hat im Vergleich zur Zornnatter ein echtes Phlegma. Bei einer Begegnung wird sie nicht fliehen, sondern auf ihre Tarnung vertrauen. Sie ist muskulöser und deshalb auch eher ein Würger, sollte sie doch einmal zubeißen, erkennt man sie als Übeltäter auch an den vielen winzigen Einstichen im Bereich der Wunde. Ihr Aussehen ist gelb bis rot und nie schwarz wie die Kreuzotter; die Jungen haben rote Bäuche und runde Pupillen. Die Glattnatter kommt fast überall vor außer in Nadelwald und an Nordhängen.

Die größte Schlange Mitteleuropas ist die **Äskulapnatter** (Frankreich, Italien, Griechenland; 140 bis 160 cm, max. 200 cm). Sie ist bräunlich bis schwarz mit runder Pupille und hat einen schmaleren Kopf als die Ringelnatter. Ihr Lebensraum ist das Flußufer der Laubwälder mit Geröll, vorzugsweise aber dichte Vegetation.

In Feuchtbiotopen am Rande von Gewässern aller Art trifft man die **Ringelnatter** (fast ganz Europa; 70 cm, max. 205 cm). Sie schwimmt im Wasser und taucht bei Störung weg zum Ufer. Zur Abwehr beißt sie nicht, sondern stellt sich tot und sondert eine stark stinkende gelbe Flüssigkeit aus der Analdrüse aus. Ihr Körper ist schwarz bis grau mit kleinen dunklen Flecken, im Nacken schwarz-gelb gezeichnet.

Die **Eidechsennatter** kommt nur in Spanien, den Pyrenäen und am Mittelmeerufer vor. Sie liebt trockene warme Hänge mit Büschen in Flußnähe, wird maximal 200 cm lang und sieht grau, grün oder schwärzlich aus mit sehr großen Augen und farbigen Augenbrauenschildern. Sie ist relativ giftig, aber scheu.

Normalerweise flüchtet die **Kreuzotter** (Mittel- und Osteuropa; 60 bis 75 cm); kommt man ihr zu nahe, plustert sie sich auf, zischelt, faucht und macht Luftbisse. Nur beim Drauftreten muß man mit einem Verteidigungsbiß rechnen, in die Wunde gelangt aber wenig Gift. Ihr Aussehen reicht von sandgelb über rot bis grün, in der Nähe von Gewässern fast immer schwarz. Ihre Augen sind rötlich; die senkrecht geschlitzte Pupille dient als Verlängerung des Schläfenbandes zur Tarnung. Auf dem Hinterkopf hat sie eine gezackte Figur mit der Spitze zum Kopf hin. Ihr Lebensraum sind Feuchtbiotope (Fichten, Birken) und Bachuferregionen.

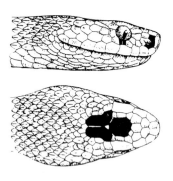

*Kopfzeichnung der Kreuzotter*

Die **Aspisviper** lebt in Italien und Frankreich, in Spanien die ihr verwandte Stülpnasenotter. Sie kommt im Gebirge bis auf 2.600 m vor, bevorzugt Geröllhalde mit Gebüsch, Wiesen mit Steinmauern, Flußtäler, Bachuferhänge mit Buschwerk und Felsbrocken. Wichtig ist ihr die Südexposition, denn ohne Sonne läuft nicht viel. Sie ist mit 60 bis 70 cm relativ klein, kann hellgrau, braun oder rostrot aussehen und hat eine dunkle Zeichnung ohne einheitliches Muster. Die Pupillen sind senkrecht geschlitzt. Insbesondere bei Gewitterstimmung und warmen Regengüssen wird sie sehr aktiv und verursacht zahlreiche, bei Kindern, alten und schwachen Menschen auch gefährliche Bißunfälle.

*Aspisviper*

## Pflanzen
Alle Pflanzen, die entlang des Canyons vorkommen, aufzuzählen und zu beschreiben, würde den Rahmen dieses Buches sprengen. Erwähnt werden soll hier nur ein einziges Juwel: die **Feuerlilie**. An der entlegensten Stelle einer senkrechten, fast überhängenden Wand wächst sie einzeln als rot schimmerndes Kleinod im waldigen Granitcanyon. Ihre Blütezeit ist Juni und Juli.

Die Vegetation in einem Wildbach ist ständigen natürlichen Veränderungen und Störungen ausgesetzt: Steinschlag, Murenabgänge und Hochwasser, im Winter Vereisung, Eisschläge und

Lawineneinbruch. Somit ist sie robust gegen mechanische Beeinflussungen und ein Canyonist kann nicht viel Schaden anrichten. Empfindlich ist jedoch der Rückraum des Bachufers, also der Bereich, in dem sich Angler und Spaziergänger bewegen und den Canyonisten, Rafter und Kanufahrer zum Ein- und Ausstieg benutzen.

Als Canyonist müssen wir uns stets bewußt sein, daß wir hier, unmittelbar neben den dichtbesiedelten Zentren Mitteleuropas, in einen Mikrokosmos eindringen, der noch nie von Menschen oder größeren Tieren betreten wurde. Wir bewegen uns also in speziellen Rückzugsnischen, und viele Klammen wurden bisher praktisch nicht erforscht.

📖 *Eßbare Wildpflanzen* - Basiswissen für Draußen (Band 5) von Jim Meuninck. Conrad Stein Verlag, 1992, DM 12,80.

## Umweltproblematik

"Alle Dinge dieser Welt strömen zusammen und aus der Mitte entspringt ein Fluß."

Das Grundproblem unserer Gesellschaft ist a) wir sind zu viele, b) wir haben zu viel Zeit, und c) wir haben zu viel Geld. Alle drei Zustände machen Canyoning erst möglich und interessant. Welcher Bergbauer in den letzten Jahrhundert hätte daran gedacht, daß sich jemals irgend jemand für den wilden furchtbaren Bach vor seiner Almwiese interessieren würde. Da müssen schon satte Großstädter (viel Geld) mit Langeweile (viel Zeit) daherkommen. Und wenn es nicht so viele wären, dann hätten sie auch nicht ihre eigenen Wiesen mit Hochhäusern, Straßen und Plätzen zerstört und könnten so etwas wie den "furchtbaren Bach" bei sich in der Nähe finden.

An jedem Sommerwochenende suchen die Großstädter Frankreichs zu Tausenden nach den wilden Bächen. In den mit Topos beschriebenen Canyons ist man selbst während der Woche nicht allein. Zwischen Individual- und Volkssport lag in Frankreich nur ein Jahrzehnt, und es gibt keinen Grund, warum uns eine ähnliche Entwicklung in den Alpen erspart bleiben sollte. Obwohl unsere Nachbarn mit Naturschutz meist leger umgehen, wurde bereits 1989 eine Studie erstellt, in der drei Canyons auf ihre ökologische Belastung untersucht wurden. Das Ergebnis:

❶ Ein Biotopenmanagement ist unbedingt notwendig, d.h. die Anzahl der Besucher muß zumindest überwacht werden.

❷ Zum Schutz der Vegetation müssen Ein- und Ausstiegsstellen festgelegt werden.

❸ Canyonbesucher müssen über mögliche Schäden, die sie verursachen, aufgeklärt werden. Dazu gehört:
- keine größeren Steine bewegen, sie sind Lebensraum vieler Insektenlarven und Laichplatz der Bachforellen,
- auf mechanische Belastung eingestellt (Hochwasser oder Fußtritt) hat sich nur die Lebensgemeinschaft im Fließgewässer, nicht im Uferbereich. Flußbett möglichst selten verlassen,
- prinzipiell keine Abfälle hinterlassen - dazu gehört auch die eigene Notdurft,
- Pflanzen und Pilze nicht pflücken, Tiere nicht stören, verfolgen und bedrängen,
- kein Feuer machen.

Insbesondere **Angler** haben Interesse, uns Canyonisten aus ihren traditionellen Revieren zu verjagen. Dabei verfahren sie wenig zimperlich: Haken werden plattgeklopft, Reifen aufgestochen, Canyonisten körperlich bedroht und mit Steinen beworfen. Noch schwerer als direkte Aggression wirkt die Einflußnahme in der Gemeindeversammlung.

Häufig sind es alteingesessene Angler, die schlechte Stimmung machen. Unfälle und kommerzielle Anbieter, die ihre Touren als exquisiten Adrenalin-Kick verkaufen möchten, liefern zusätzliche Argumente, um Canyoning als lebensgefährlichen Unsinn zu diskreditieren. In der Schweiz und in Frankreich wurden bereits ganze Gebiete gesperrt.

Wird nach einem Unfall am Matterhorn das Bergwandern im gesamten Wallis verboten? Natürlich nicht, denn es ist gesellschaftlich akzeptiert und als Tourismusfaktor anerkannt. Auch haben die "Rotstrümpfe" eine Lobby, die uns Canyonisten bis jetzt fehlt. Deshalb ist für die Zukunft unseres Sports ein positiver Kontakt zur einheimischen Bevölkerung fast ebenso wichtig wie das Beachten der Natur:

- keine Straßen, Brücken oder Einfahrten zuparken,
- nicht wild zelten,
- einheimische Produkte einkaufen,
- Privatgelände auch beim Zustieg zum Fluß beachten,
- Bewässerungskanäle nicht verändern oder zertrampeln,
- kulturelle Besonderheiten kennen,
- Gespräche mit den Einheimischen führen.

Für jeden, der Naturschutz auch sachlich ernst meint, erübrigt sich die Anreise mit dem Auto. Vollwertige Mountainbikes und Tourenräder mit Klappmechanismus gibt's im BMW-Autohaus, diese können in jedem Zug als Handgepäck mitgeführt werden. Die Fahrt vom Bahnhof zum Canyon ist auch mit dem Fahrrad möglich.

# Ausrüstung

## Bekleidung

Steigt man in eine Klamm hinein, so werden die Ufer bald nicht mehr begehbar. Steile Felswände lassen nur gelegentlich einen Sonnenstrahl zu uns hinab; im Wasser schwimmend, wird es je nach Jahreszeit kühl bis eiskalt. Als Schutz verwenden wir einen **Anzug aus Neopren**, die Latzhose heißt Longjohn, die Jacke auch Bolero. Je dicker das Material, desto besser die Isolierung, doch wird der Anzug teuer und engt die Bewegungsfreiheit ein. 2- bis 6-mm-Anzüge bekommt man im Surf- und Kanufachhandel, 4- bis 12-mm-Anzüge gibt's im Tauchgeschäft. Ein **Ganzkörper-Tauchanzug** (Semi-Trocki) ist eine feine Sache, wenn er genau sitzt.

Normalerweise wandern Taucher, Kanufahrer und Surfer in ihren Anzügen nicht mehrere Stunden lang herum. Bisher gibt es auf Canyoning optimierte Anzüge nur als Einzelanfertigung. Beim Canyoning werden Wadenbereich, Knie, Ellenbogen und Gesäß in besonderem Maße strapaziert, die Flächen zwischen den Beinen und unter den Armen reiben sich ab.

☺ Wenn die Kaschierung beschädigt ist, hilft das Auftragen einer dünnen (!) Schutzschicht Sikaflex.

Bei kalter Witterung kann man einen engsitzenden **Fleecepulli** oder **Angorounterwäsche** unter den Longjohn anziehen, schmale Menschen nehmen zusätzlich einen Neoprennierengurt. An den Füßen wärmen **Neoprensocken**, am Kopf eine **Neoprenhaube**. Für ganz kalte Canyons oder "Wintercanyoning" kann man auch einen Trockenanzug über den Neoprenanzug ziehen.

## Helm

Im Canyon besteht permanente Steinschlaggefahr, ein Helm sollte immer getragen werden. Die beste Stoßabsorption haben Kletter-, Bergsteiger- und Speläohelme, sie eignen sich für Lauf- und Klettercanyons. Für Schwimmcanyons empfehlen wir Paddel- und Raftinghelme, sie schützen vor seitlich und im Nacken auftreffenden Schlägen. Ganz wichtig ist die richtige Größe und ein strammer Sitz - wenn man bei offenem Kinnriemen den Helm vom Kopf schütteln kann, sitzt er zu locker.

## Schuhe

Es gibt Canyonisten, die schwören auf schwere, feste Bergsteigerstiefel mit verwindungssteifer, d.h. unbiegsamer Sohle. In Klettercanyons bevorzugen wir knöchelhohe Turnschuhe mit weicher, gefühlsechter Sohle - da spürt man, wenn der Schuh beginnt abzurutschen. Neoprensocken tragen ein bis zwei Schuhnummern auf.

## Wurfsack

Der Wurfsack ist ein kleines Säckchen, durch dessen Boden ein Seil geschlauft und befestigt ist. Das Seil sollte 20 m lang sein, 8 mm Durchmesser haben und leicht biegsam sein. Es wird sorgfältig in den Sack gelegt. So kann man später den Sack werfen und dabei das Ende in der Hand behalten: das Seil legt sich von selbst aus. Zum Transport wird der Sack zugemacht, man befestigt das durchgeschlaufte Ende am Verschluß und hängt ihn über die Schulter.

Einen Wurfsack benötigen wir zum Spannen einer Seilverbindung. Auch eignet er sich als Abstiegshilfe für kurze Kletterpassagen, er ist schnell einsatzbereit und ebenso schnell wieder gepackt.

*Werfen eines Wurfsacks*

## Seil

Alle auf dem Markt befindlichen Kletterseile sind **Polyamid-Kernmantelseile**. Der geflochtene Mantel läßt sich auf dem Kern verschieben und schützt diesen. Wenn der Mantel beschädigt ist, darf das Seil nicht mehr im Vorstieg verwendet werden. Ist der Mantel durchgescheuert, gehört es ausgesondert. Canyonisten benutzen Einfach- oder Doppelseile (Kennzeichnung 1 oder ½ auf der Banderole der Seilenden). Die Seillänge muß der jeweiligen Tour angepaßt sein, üblich sind 45 bis 100 m. Die Seile sollten imprägniert sein und trocken gelagert werden. Pralle Sonne, Chemikalien, Standnässe und Heizung schaden dem Seil.

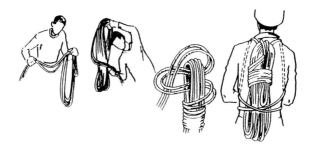

*Seilaufnehmen und Tragen auf dem Rücken*

*Aufnehmen des Seiles im Sack*

Es gibt **statische** und **dynamische Bergseile**. Statische dehnen sich bei einer Belastung von 80 kg um ca. 2%, die dynamischen um 10% in die Länge. Zum Abseilen eignen sich beide Typen, das dynamische scheuert durch weites Auf- und Abschwingen über eine längere Strecke am Fels, das statische federt Stöße nicht ab und scheuert deshalb mit stärkerer Kraft auf kürzerer Seilstrecke. Mantelverstärkte **Top-Rope-Seile** und die in Frankreich angebotenen **Canyoningseile** sind statisch.

Beim Wiederaufstieg mit Prusik- oder Steigklemme haben statische Seile deutliche Vorteile, deswegen werden sie von Speläologen bevorzugt. Besteht jedoch die Gefahr, daß man in das Seil hineinstürzt (z.B. Querung oder Vorstieg im Notausstieg), muß man unbedingt ein dynamisches Seil verwenden, das in der Lage ist, den Fangstoß aufzunehmen.

**Schwimmfähige Seile** sind vorzuziehen, sie verhängen sich nicht so leicht unter Wasser. Wichtig ist auch die Abriebfestigkeit: mechanische Reibung am nassen rauhen Fels ist so enorm, daß wir einmal an einer einzigen Stelle ein nagelneues Qualitätsseil völlig kaputtgerubbelt haben - nur für ein paar Fotos im Wasserfall.

Zur Minimalausrüstung für einen Klettercanyon gehören mindestens zwei Seile in je der doppelten Länge der höchsten Abseilstelle.

## Reepschnüre

Reepschnüre benötigt man für alles, was festgemacht werden muß - und das ist zunächst einmal jedes Metallteil. Wenn sie ins Wasser fallen, sinken Karabiner, Taucherbrille, Hammer oder Bohrmaschine bis auf den Grund, oft unerreichbar tief. Bewährt hat sich ein Schnurdurchmesser von 2 mm. Als Prusikschlinge verwenden wir 4 mm.

## Bandschlingen

Für das Einrichten von Standplätzen benutzen wir Bandschlingen. Bei Zug über eine scharfe Kante (Fels oder Metallhaken) schmiegt sich ein Band besser an und verteilt die Reißkräfte. Außerdem läßt sich das Seil aus einer Schlinge leichter abziehen als von einer

Reepschnur. Deshalb werden Bandschlingen bevorzugt an Abseilstellen eingesetzt. Es empfiehlt sich, mehrere Schlingen in verschiedenen Längen zu knüpfen (Bandschlingenknoten) und mit je zwei Karabinern zu versehen. Kletterer benutzen genähte Schlingen mit ca. 30 cm Karabinerabstand. Bandschlingen sind mit Festigkeitskennfäden versehen, ein Kennfaden entspricht 5 kN (500 kg).

## Anseilgurt

Beim Canyoning verwenden wir ausschließlich normgeprüfte **Sitzgurte**. Besteht die Gefahr, daß man beim Abseilen im Wasserfall mit dem Kopf nach unten gerissen wird, sollte man zusätzlich einen **Brustgurt** anlegen oder gleich einen **Kombigurt** verwenden. Ein zu hoch gewählter Anseilpunkt ist aber unbequem.

Ein **Gurtpolster** ist überflüssig, solange man einen Neoprenanzug trägt. Rutscht man auf dem Hosenboden über Steine und Felsen, scheuern sich die Beinschlaufen der Sitzgurte schnell durch. Die Firma Petzl hat einen speziellen Canyoningklettergurt mit Latz entwickelt, der auch Neoprenanzug oder Badehose schützt: empfehlenswert.

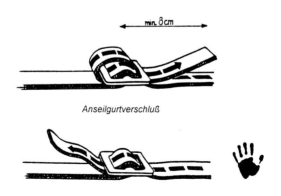

*Anseilgurtverschluß*

*Vergessen Sie nie, den Gurt zurückzufädeln!*

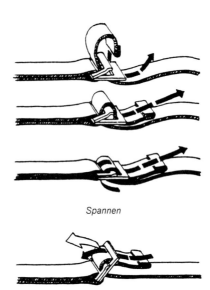

*Spannen*

*Entspannen*

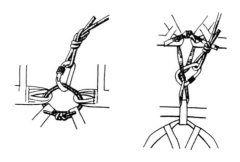

*Anlegen von Brust- und Hüftgurt sowie eines Kombigurtes*

## Karabiner

Normgeprüfte Karabiner besitzen in Längsrichtung mindestens 20 kN, in Querrichtung 6 kN Festigkeit. Karabiner mit Verschlußsicherung (Schraubkarabiner) verhindern ein ungewolltes Öffnen. Man kann übliche Kletterkarabiner verwenden, mit der Zeit korrodieren die Rückstellfedern, sie klemmen und schnappen nicht mehr von alleine zu. Besser sind spezielle nichtrostende Speläologie-Karabiner mit Schraubsicherung.

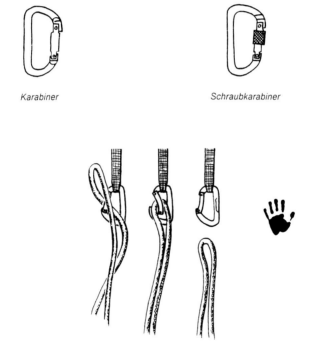

*Karabiner*  *Schraubkarabiner*

*Ungesicherte Karabiner können sich aushängen.*

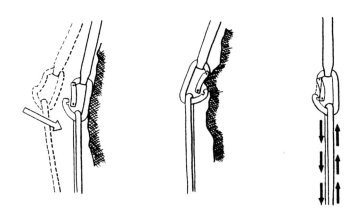

*Im offenen Zustand nur etwa 3 kN Bruchlast!*

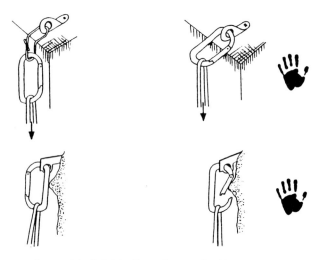

*Does and dont´s bei der Verwendung von Karabinern*

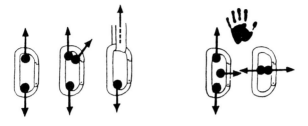

*Does and dont´s bei der Verwendung von Karabinern (Schema)*

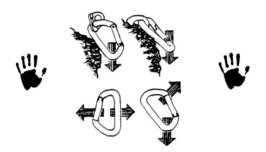

*So sollte ein Karabiner nicht belastet werden*

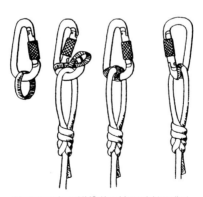

*Wie man seinen HMS-Karabiner nicht verliert.*

## Abseilachter

Der Abseilachter ist aus Aluminium und hat zwei Ösen; durch eine wird das Seil geschlauft, die andere befestigt man mit einem Schraubkarabiner am Sitzgurt. Je kleiner die Öse ist, durch die das Seil läuft, desto größer wird die Bremswirkung. Beim Abseilen an einem nassen Doppelseil ist der Seilzug und damit die Bremswirkung enorm groß, d.h. die Öse sollte so groß wie möglich gewählt werden. Alle anderen Abseiltechniken (Shunt, Stop) bergen die Gefahr des Verklemmens, was im Wasserfall tödliche Folgen haben kann!

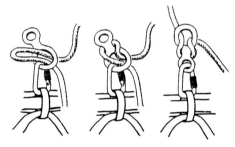

*Abseilachter - wie man ihn nicht verliert*

*ablassen*      *fixiert, leicht lösbar*      *fixiert, schwerer lösbar*

*geringe Reibung*      *höhere Reibung*      *unhandlich*

*Abseilachter - mögliche Verwendungsformen*

## Schwimmhilfe

**Schwimmwesten** haben sich in Abseilcanyons nicht bewährt, sie engen die Bewegungsfreiheit ein und sind beim Springen hinderlich.

Ein Canyon, in dem der Auftrieb des Neoprenanzugs nicht ausreicht, führt eindeutig zu viel Wasser.

☝ Auf keinen Fall darf man den Brustgurt einer Schwimmweste zum Abseilen benutzen oder einen Gurt über die Weste anziehen!

☺ Canyonisten, die leicht frieren, nehmen in Schwimmcanyons einen separaten Auftriebskörper mit, z.B. ein **Hydrospeed** oder eine aufblasbare **Leichtluftmatratze**.

## Gepäcktransport

Für den Transport von druck- und stoßempfindlichen Gegenständen eignen sich wasserdichte **Hartschalenkoffer** und **Gepäcktonnen** mit integriertem Tragesystem.

Einen **Rucksack** bekommt man wasserdicht, wenn man einen Packsack ("**Drypack**") hineinstopft, der etwas größer als der gesamte Innenraum ist. Verpflegung, persönliche Sachen und Kleider werden dann in diesen Drypack gelegt.

Beim Schließen verbleibt soviel Luft im Drypack, daß er den gesamten Rucksackinnenraum ausfüllt und keine größeren Mengen Wasser eindringen können (unnötiger Ballast). So ausgerüstet lassen sich sogar Mehrtages-Canyoningtouren mit Zelt, Schlafsack und Verpflegung durchführen.

In Drypacks kann man auch trockene Kleidung am Ausstieg deponieren, denn nachmittags, wenn die Sonne das Tal verlassen hat, wird es empfindlich kalt.

## Sonstiges

Wichtig ist ein Erste-Hilfe-Set, mindestens zwei Seilrollen, zwei Steigklemmen, eine Leichtluftmatratze, eine Rettungsdecke, außerdem Uhr, Taschenlampe, Feuerzeug und evtl. Notrakete.

# Empfohlene Ausrüstung, Kostenliste

|  | Preis ca. | Modell / Hersteller |
|---|---|---|
| Longjohn in 6 mm Neopren | DM 200 | Spreu |
| Longjohn in 4 mm Neopren | DM 180 | Spreu |
| Langarmjacke in 3 mm Neopren | DM 150 | Spreu |
| Socken in 4 mm Neopren | DM 40 | Spreu |
| Schuhe | DM 20-200 | |
| Speläohelm | DM 90 | vauDe |
| Wildwasserhelm | DM 70 | Prijon Surf |
| Wurfsack | DM 60 | HF |
| 100-m-Seil | DM 4/Meter | vauDe/Edelweiss, Petzl |
| Sitzgurt | DM 100-200 | Petzl Canyon C86 |
| Abseilachter | DM 15-30 | vauDe, Petzl |
| 5 Bandschlingen | DM 2/Meter | vauDe, Mammut |
| 10 Schraubkarabiner | je DM 15-20 | vauDe, Ovid |
| Seil-Schleifsack | DM 80 | vauDe, Meander |
| 2 bis 3 Schlaghaken | je DM 10-20 | |
| 1 Hammer | DM 10 | |
| Speläosteigklemmen | je DM 90-100 | vauDe |
| wasserdichtes Erste-Hilfe- und Schlangenbiß-Set | DM 50-100 | vauDe |

## optional

|  | | |
|---|---|---|
| Leichtluftmatratze | DM 50 | vauDe |
| Hydrospeed | DM 500 | Prijon Riverboogie |
| wasserdichte Säcke | DM 40-200 | HF, vauDe, Prijon |
| wasserdichte Fotokoffer | DM 30-300 | Prijon Pelicase |
| Rucksack | DM 150-500 | vauDe, Mammut, Salewa |
| wasserdichter Rucksack | DM 250 | vauDe |
| Gepäcktonne mit Tragesystem | DM 200 | vauDe |

**Herstelleradressen**
Prijon GmbH, Innlände 6, 83024 Rosenheim, ☏ 08031/3037-0, FAX 303799.
hf Sportartikel, Haus 37, 91241 Kleedorf, ☏ 09151/6221, FAX 95616.
Petzl Höhlenforschung, Widenmayerstr. 2, 80538 München, ☏ 089/220014, FAX 2913518.
Krimmer Outdoor Systems GmbH, Raiffeisenstr. 4, 86576 Tandern, ☏ 08250/548, FAX 1484.
vauDe, Postfach, 88064 Tettnang, ☏ 07542/5306-0, FAX 52030.
Spreu Boote, Lenneper Str. 3, 42289 Wuppertal, ☏ 0202/629150, FAX 622549.

**Bezugsquellen**
Versand über Gert Spilker, Nägeleseestr. 20, 79102 Freiburg, ☏ 0761/78142, FAX 87193.
Sport Lang, Herzogstr. 1/Ecke Leopoldstr., 80803 München, ☏ 089/333671, FAX 342888.
Über jedes andere gut sortierte Kanu-, Bergsport- oder Trekkinggeschäft.

## Wichtige Knoten

Obwohl der Altweiberknoten im Prinzip viele Funktionen der hier aufgeführten Knoten übernehmen kann, hat er doch einen ganz entscheidenden Nachteil: Er läßt sich nach Belastung praktisch nicht mehr lösen. Darum seien ein paar Knoten vorgestellt, die zwar auf den ersten Blick kompliziert aussehen, nach etwas Übung aber ebenso einfach zu handhaben sind wie der Ziffernblock am Telefon.

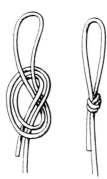

*Sackstich: sauber legen, nach Zug schwer zu lösen*

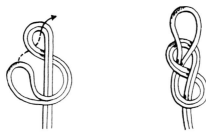

*Achterknoten: ähnlich wie Sackstich, leichter zu lösen durch seitliches Hin- und Herbiegen der Acht. Zum Einbinden in das Seil, zum Verbinden zweier Seile und zum Verbinden des Seilendes mit einem Schraubkarabiner.*

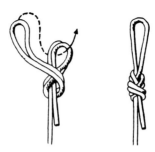

*Neunerknoten, noch leichter zu lösen und reißfester als Achterknoten*

*Abbinden einer beschädigten Seilstelle mit Achterknoten möglich als Notbehelf, keine günstige Seilbelastung*

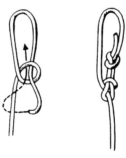

*Bulinknoten*

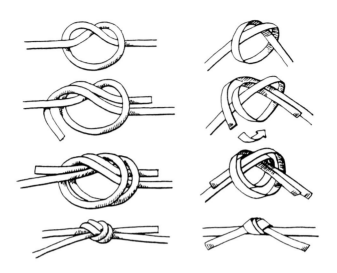

*Schlingenknoten: für Bandschlingen, sauber legen, vor Belastung straff anziehen.*

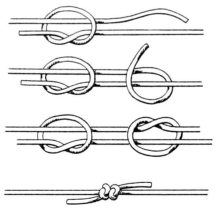

*Spierenstich: als Seilverbindungsknoten, Knoten müssen richtig herum gesteckt sein, nach Zug wieder lösbar, einfaches Nachziehen.*

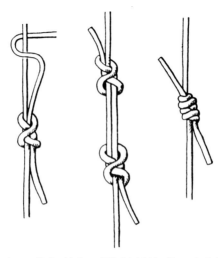

*Fischerknoten zur Seilverbindung, läßt sich leichter lösen als Spierenstich*

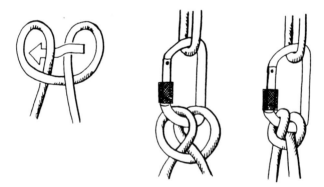

*Mastwurf: leichtes Nachziehen, sauber legen, hält nur unter Zug (nicht bei Entlastung). Mit ihm kann man einen Karabiner mitten im Seil fixieren. Bei Entlastung ist er leicht zu öffnen und zu versetzen, vor einer Belastung muß der Knoten jedoch fest angezogen werden.*

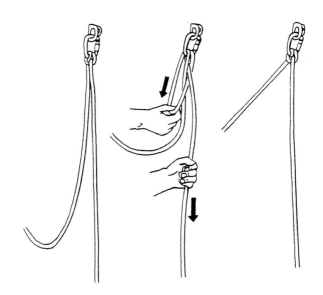

*Längenanpassung am Mastwurf, z.B. für Selbstsicherung*

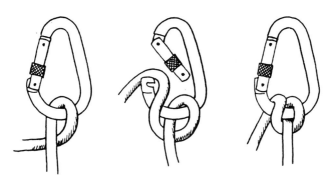

*Halbmastwurf mit Bremswirkung in beide Richtungen*

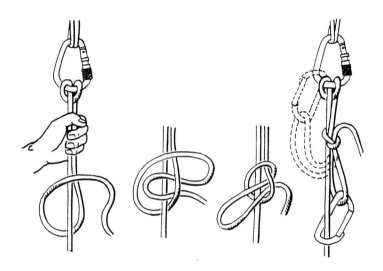

*Schleifenknoten:* Fixieren eines Halbmastwurfes oder Abseilachters, auch unter Seilzug einfach zu lösen.

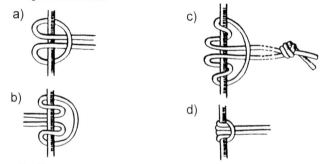

*Prusikknoten:* klemmt sich unter Belastung am Hauptseil fest, läßt sich bei Entlastung in beide Richtungen verschieben. Besonders geeignet für die Aufstiegstechnik oder für Flaschenzüge. Wichtig: Die Reepschnur muß maximal den halben Hauptseildurchmesser haben. Zur Erhöhung der Seilreibung und zum leichteren Lösen evtl. eine Seilumschlingung mehr anlegen.

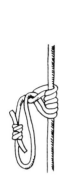 

*Ein anderer Klemmknoten ist der Machard (gewickelter Klemmknoten). Er läßt sich auch mit Karabiner einsetzen (Karabiner-Klemmknoten).*

📖 *Knoten* - Basiswissen für Draußen (Band 3) von Cliff Jacobson. Conrad Stein Verlag, 3-89392-103-6, DM 12,80.

# ...ohne nasse Füße geht's auch hiermit nicht!

OutdoorHandbuch (Band 1)
ISBN 3-89392-101-X / DM 12,80

# Technik

Beim Canyoning unterscheiden wir zwischen Laufcanyons, Schwimmcanyons und Klettercanyons. Die tatsächliche Tour wird immer eine Mischform sein, darum ist es wichtig, alle drei Techniken gut zu beherrschen.

## Im Laufcanyon

Ein Laufcanyon ist eine Klamm, die wir zu Fuß durchqueren können. Fluß und Wasserbecken sind so seicht, daß man hindurchwaten kann. Der Untergrund besteht entweder aus ganz flach geschichtetem Grundgestein, oder die Klamm ist mit Kies und Schotter aufgefüllt. Typische Laufcanyons finden wir bei kleinen Flüssen mit wenig erosiver Kraft im weichen Gestein, die Flußschotter haben kleine Korngröße, die Höhenunterschiede sind gering, das Gefälle ist gleichmäßig.

Canyoning im Laufcanyon hat nur wenig mit Wandern oder Trekken zu tun. Im Flußbett sind keine ausgetretenen Wege, sondern rundes, oft lockeres Geröll, das zudem recht rutschig sein kann. Jeder Schritt muß sorgfältig gesetzt werden. Außer einer gewissen physischen Kondition benötigt man Trittsicherheit und eine Konzentration, die selbst nach stundenlangem Laufen nicht nachlassen darf.

Auch im hüfttiefen Wasser kann die Strömung so stark sein, daß sie einen ausgewachsenen Menschen umreißt. Man muß die eigene "Standfestigkeit" richtig einschätzen.

Die Hauptgefahren beruhen jedoch auf Unachtsamkeiten wie Ausrutschen oder Umknicken mit dem Fuß, und wenn der Knochen bricht oder der Meniskus reißt, wird es ernst. Es ist kaum möglich, einen Kameraden über längere Strecken zu transportieren.

Einsteiger werden sich in der machbaren Streckenlänge verschätzen. Allgemein kann man davon ausgehen, daß man nicht mehr als einen Kilometer pro Stunde schafft, eine Tagesetappe sollte maximal 5 km lang sein.

## Im Schwimmcanyon

Je enger die Felswände, um so weniger Geröll und Schotter liegen im Flußbett. An Stellen, an denen der Felsuntergrund besonders hart ist, baut sich Gefälle in hohen Stufen ab. Dazwischen wird der Felsspalt tief ausgewaschen: wir müssen schwimmen.

Lauf- und Schwimmcanyons werden zuweilen auch mit dem Wildwasserkajak befahren. Doch eine unzugängliche, unbekannte Schlucht zu Fuß zu durchqueren ist ungefährlicher, außerdem macht Canyoning auch bei sehr wenig Wasser noch Spaß - stellenweise wird es erst dann möglich. Ein weiterer Vorzug ist, daß man unter fachkundiger Führung und mit entsprechender Ausrüstung auch als Neuling in Naturlandschaften gelangt, die sonst nur Kanuspezialisten vorbehalten sind.

Beim Schwimmen kommt man zwar mit der gesamten Ausrüstung nur langsam voran, hat dafür aber reichlich Auftrieb und kann in aller Ruhe die phantastischen Felsformationen betrachten. Wenn nur nicht die Temperaturdifferenzen so extrem wären: in der Sonne gute 30 Grad, im Wasser zwischen 5 und 10 Grad.

Zum richtigen Schwimmen muß man die typischen Strömungsformen kennen:

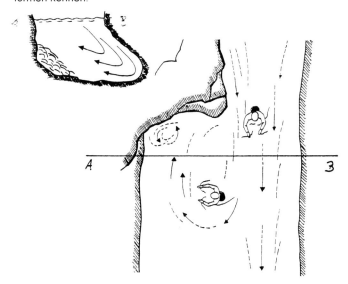

*Kehrwasssser sind meist weniger tief als die Hauptströmung, der Untergrund ist feinkörnig (Sand, Schotter).*

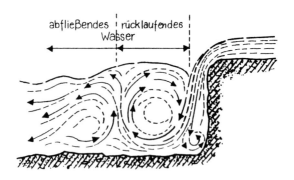

*Rücklauf*

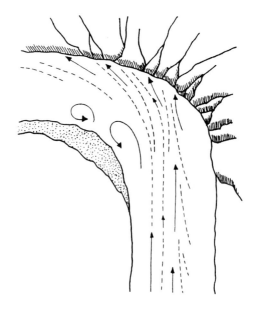

*Prallhang*

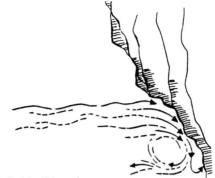

*Prallpolster-Unterspülung*

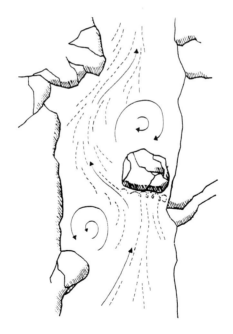

*Typischer Strömungsverlauf*

TECHNIK

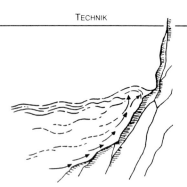

*Polster:* das Prallwasser wird zum Polster aufgeschoben.

Trifft das Wasser auf ein Hindernis, so ergeben sich **Strömungen**, die man nur mit etwas Erfahrung richtig beurteilen kann. Wichtigste Regel ist, daß das Wasser danach irgendwo weiterfließen muß und nicht einfach verschwindet. Wenn es vom Hindernis hochgeschoben wird, quirlt es auf, bildet ein **Prallpolster** und läuft seitlich ab. Manchmal taucht es auch unter dem Hindernis hindurch. Man spricht von einer **Unterspülung**, wenn das Wasser seitlich bzw. von einem Siphon, wenn es erst hinter dem Hindernis wieder hochquirlt. Der **Siphon** ist also eine mit Wasser aufgefüllte Höhle (die Unterspülung eine Halbhöhle), deren Decke so tief im Wasser liegt, daß es keine Luft gibt. Unterspülungen und Siphone erkennt man am fehlenden Prallpolster.

Bei bestimmten Wasserständen ist der Ansaugbereich unerwartet kräftig, der Canyonist kann mit hinuntergezogen werden. Wenn dann unter Wasser Bäume verklemmmt sind und ein Sieb bilden, sitzt er in der Falle.

*Siphone unter Wasser*

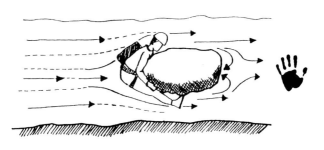

*Verklemmgefahr*

Doch es gibt Siphone, durch die man hindurch muß. Ist die Situation nicht ganz eindeutig, sollte der erste Taucher ein Seil in die Hand nehmen, an dem er im Notfall wieder zurückgezogen werden kann, das er aber auch loslassen kann, falls es sich verhängt.

Die Gefahr, an einem verklemmten Seil fixiert zu sein, ohne sich abhängen zu können, darf keinesfalls unterschätzt werden. Manche Canyonisten nehmen deshalb ein kleines **Stiefelmesser** mit.

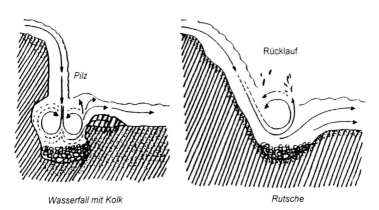

*Wasserfall mit Kolk*          *Rutsche*

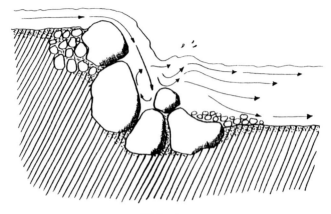

*Blockverhau*

Stürzt das Wasser über den massiven, von unten anstehenden Fels, so sprechen wir von Absätzen, Grundgesteinsstufen, Rutschen oder Wasserfällen. Mit Hochwasser herabstürzende Steine haben Vertiefungen in das Flußbett geschlagen, die man Tumpf, Gumpe, Kolk oder Unterwasser nennt.

Oft ist der Sprung die einfachste Art, einen Wasserfall oder Felsabsatz zu überwinden. Man muß sich jedoch stets vergewissern, daß das Unterwasser tatsächlich tief genug ist. Denn eine vom Hochwasser geschlagene Gumpe kann sich später wieder mit Kies auffüllen, auch strömt der Fluß bei Hochwasser nicht unbedingt in dieselbe Vertiefung wie bei niedrigerem Wasserstand.

An manchen Stellen haben sich mehrere riesige Felsblöcke zwischen den Klammwänden verkeilt und bilden eine Barriere (Blockverhau). Dies sieht zwar beeindruckend aus, ist aber erdgeschichtlich nur von kurzer Haltbarkeit. Deshalb ist gerade an diesen Stellen das Unterwasser oft nicht tief ausgespült.

Richtiges Schwimmen sollte immer wieder geübt werden. Insbesondere beim spielerischen Ausprobieren in harmlosen Situationen lernt man viel über die tatsächlichen Strömungsverhältnisse. Mit der Taucherbrille kann man auch die Gegebenheiten unter Wasser wie z.B. die Kolktiefe eines Wasserfalles besser betrachten.

## Im Klettercanyon

Je enger und steiler der Canyon, desto häufiger werden wir springen, klettern oder uns abseilen müssen. Eine angemessene Ausrüstung ist der Schlüssel zur Sicherheit, doch muß der Umgang mit dem Material immer wieder geübt werden. Das Binden von Knoten, Anlegen von Sitz- und Brustgurten und das Einrichten von Abseilstellen muß in Fleisch und Blut übergegangen sein, bevor man sich in einen Klettercanyon begibt.

## Aufbau eines Standes

Wasserfälle und Rutschen, die man nicht hinunterspringen kann, werden abgeseilt. Den letzten Platz, an dem man noch stehen kann, nennt man **Standplatz**. Ein Schritt weiter beginnt der Abgrund, der Boden ist rutschig, man darf sich hier nur angeseilt aufhalten. Dazu sucht man einen Punkt, wo man eine Bandschlinge befestigen kann (Fixpunkt). Gibt es keine der folgenden Möglichkeiten, muß man umkehren. Für die weitere Strecke ist Ausrüstung und Technik notwendig, die später im Kapitel "Der unbekannte Canyon" beschrieben wird.

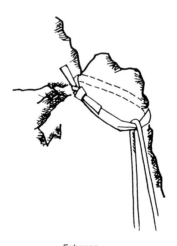

*Felsnase*

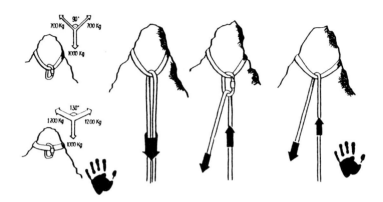

Schlinge nicht zu stramm um die Felsnase legen. Abseilen am Doppelseil. Seil nie unter Last durch eine Bandschlinge laufen lassen, Karabiner verwenden, notfalls hängen lassen!

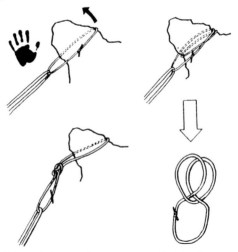

Bei schlüpfrigen Felsnasen doppelt umlegen, Zuziehschlinge oder Mastwurf anwenden.

*Ein Schlaghaken sollte nur quer zum Riß belastet werden. Nur der Bohrhaken hat eine befriedigende Festigkeit in alle Richtungen, auch in axiale.*

*Zu lange Haken abbinden.*

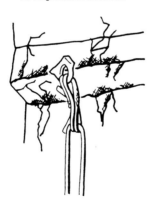

*Haken, die hinter einem Vorsprung stecken, mit Bandschlinge oder Reepschnur verlängern.*

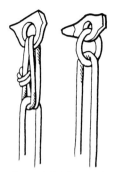

*Haken mit scharfkantigen Ösen mit Schlinge verlängern - besser, man opfert eine Schlinge als das ganze Seil.*

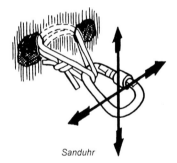

Sanduhr

Spalt mit Klemmkeil

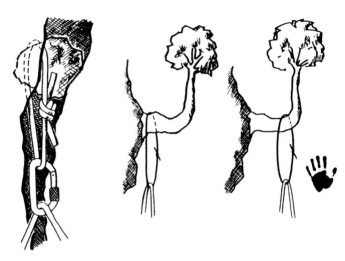

*Klemmblockschlinge*     *Fixieren an Baum oder Busch*

*Wenn irgend möglich, nimmt man zwei Fixpunkte zum Aufbau des Standplatzes.*

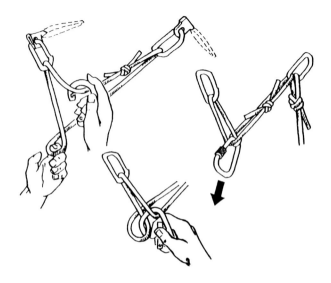

*Zwei Fixpunkte mit Schlinge verbinden. Karabiner wie gezeigt in die Schlinge einhängen, so wird er auch dann noch gehalten, wenn ein Punkt versagt. Außerdem wird der Zug gleichmäßig verteilt.*

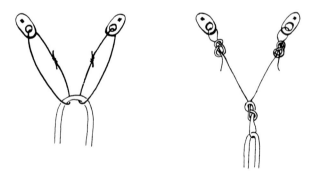

*Andere Möglichkeiten zum Verbinden zweier Fixpunkte (im allgemeinen ungleichmäßige Zugverteilung).*

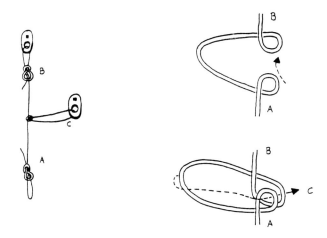

*Papillonknoten zum Verbinden zweier unterschiedlich hoch liegender Fixpunkte oder zum Einbeziehen eines zusätzlichen Fixpunktes C in die schon bestehende Verbindung A - B (auch mit Mastwurf und Karabiner möglich).*

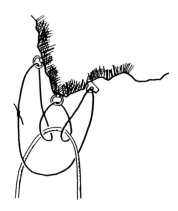

*Verbinden von mehr als zwei Fixpunkten*

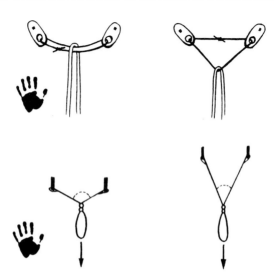

Bei kurzer Schlinge nimmt die Hakenbelastung extrem zu (vgl. Felsnase S. 60).

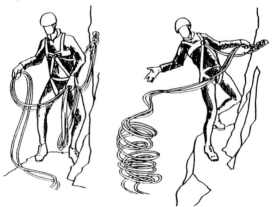

Nun kann man das Seil aus dem Sack nehmen und auswerfen. Mittenmarkierung beachten!

**Wichtig**: Beim Klettern ist es üblich, am Ende des Seiles einen Knoten zu machen. Dies sollte man beim Abseilen in einem Wasserfall unterlassen. Das Seil könnte sich verhaken, außerdem ist die Gefahr groß, daß man im Seil hängenbleibt und dann weder vor noch zurück kann. Statt dessen muß man mit dem Auge sicherstellen, daß beide Seilenden bis zum Fuß der Abseilstelle reichen. Notfalls Seil noch einmal hinaufziehen und erneut auswerfen!

*Will man einen Stand direkt im stark strömenden Wasser oder in exponierter Lage (z.B in der Steilwand) einrichten, ist die ununterbrochene Selbstsicherung lebenswichtig.*

## Abseilen

Es gibt drei Arten, sich abzuseilen: aktiv, passiv und mit Kameradensicherung. Beim passiven Abseilen wird die Person von einem Kollegen am Standplatz am Einfachseil hinuntergelassen, dies ist z.B. für Anfänger oder Verletzte ratsam. Beim aktiven Abseilen seilt sich die Person selbst am Einfach- oder Doppelseil ab.

**Beachte**: Am Einfachseil ist Reibung geringer und Handling besser, deshalb steigt der Seilerste stets am Einfachseil in eine kritische Passage ein.

Auf rutschigem Fels kann der sich selbst Abseilende jederzeit hinfallen, in wuchtigen Wasserfällen kann der Wasserdruck so stark werden, daß er die Übersicht verliert oder rücklings mit dem Kopf nach unten kippt. Wenn er jetzt das Seil in der Bremshand (hinter dem Abseilachter) losläßt, saust er fast ungebremst hinunter.

Manche Canyonisten sichern daher das Bremsseil mit Prusik oder Shunt oder benutzen ein Abseilgerät (z.B. Stop von Petzl). So bleiben sie in jedem Fall am Seil fixiert.

Es ergibt sich aber eine neue Gefahr: Ist der sich Abseilende nicht in der Lage, Prusik, Shunt oder Stop zu lösen, kann er weder vor noch zurück. Dieselbe Gefahr besteht, wenn das Seil am Abseilachter "umklappt"; das entspricht dem ungewollten Übergang von Abbildung "ablassen" zu Abbildung "fixiert, schwer lösbar" (☞ Abseilachter - mögliche Verwendungsformen).

Um das Seil zurückzuklappen, muß man den Abseilachter entlasten, dies kann jedoch wegen des Wasserdrucks unmöglich werden. Im unkritischen Gelände üben!

☞ *Aktives Abseilen*

Ein dramatischer Zwischenfall ereignete sich bei Werbeaufnahmen eines Outdoor-Ausrüsters. Die blonden Haare des Models gerieten in den Abseilachter und verhängten sich. Die Folge war eine aufwendige Rettungsaktion; die Aufnahmen wurden abgebrochen, und jetzt überlegt sich der Hersteller, ob er Canyoningartikel aus dem Programm nehmen soll.

Bei passivem Abseilen oder beim Abseilen mit Kameradensicherung wäre dies nicht passiert.

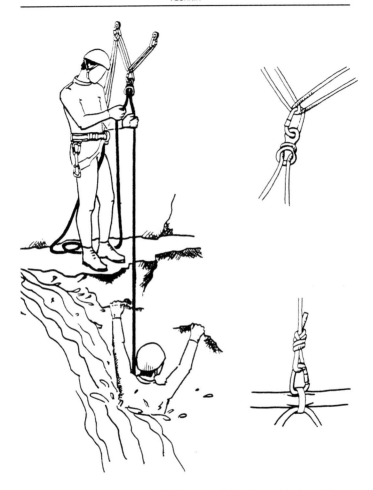

*Passives Abseilen im Wasserfall: Person 1 steht selbstgesichert am Standplatz. Person 2 wird im Wasserfall abgelassen und kann die Hände zur Stabilisierung benutzen. Übrigens: nur wenn kein Fangstoß möglich ist, darf man sich mit einem Schraubkarabiner im Sitzgurt einbinden (Querbelastung des Schraubkarabiners nicht ausgeschlossen).*

TECHNIK

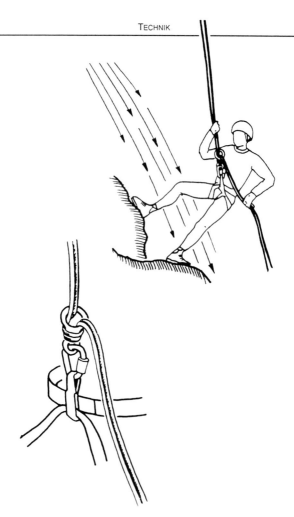

*Aktives Abseilen. Wichtig: Füße nur senkrecht zum Fels belasten (Gefahr des Abrutschens), Beine auseinander und leicht (!) angewinkelt, Füße hochnehmen, aber nie höher als das Gesäß, Stabilisierungshand (rechte Hand auf der Abbildung) nur gegen seitliches Abdrehen, nicht zum Bremsen! Bremshand (linke Hand) nie loslassen!*

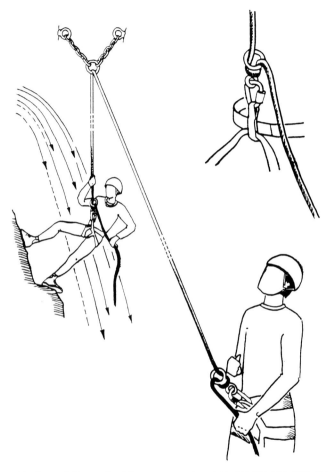

*Abseilen mit Kameradensicherung von unten: man benötigt viel Seil; die Seilreibung ist wegen des Einfachseils geringer; Nachgeben des Seils durch Kameraden möglich bei guter visueller Kontrolle; kein Verkrangeln wie beim aktiven Abseilen am Doppelseil, einfaches Seilabziehen.*

*Abseilen mit Kameradensicherung von oben*

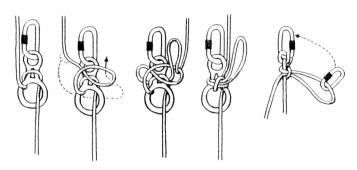

*Bindet man Achter oder Halbmastwurf mit dem Schleifenknoten ab, kann man im Ernstfall schnell den Knoten lösen und Seil nachgeben.*

## TECHNIK

☠ *Schmelzverbrennung, Reepschnur reißt! Vgl. S. 60 rechts.*

*Der Gruppenletzte seilt entweder mit Kameradensicherung von unten am Einfachseil ab (Achtung bei Reepschnur: Schmelzverbrennung, Reepschnur reißt!), oder er benutzt das Doppelseil.*

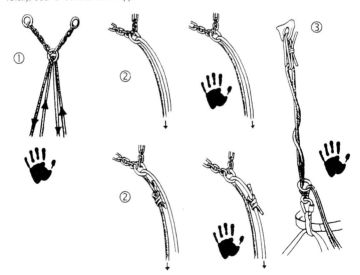

*Regeln am Ring: 1. Nie zwei Umlenkseile am gleichen Ring. 2. Wenn Ring am Felsen aufliegt, kann nur am unter dem Ring liegenden Strang abgezogen werden. 3. Seil nicht verkrangeln.*

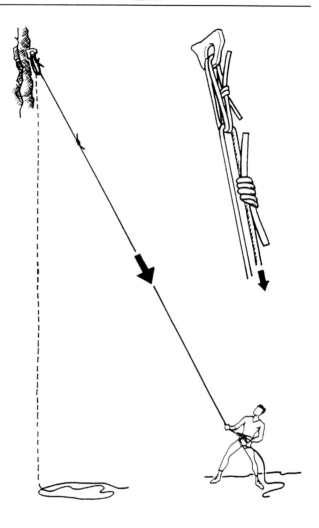

*Am richtigen Ende abziehen. Auf die Seite gehen, Stein- und Seilschlaggefahr.*

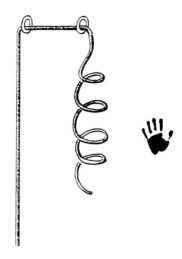

*Wenn das Seil durch zwei Ringe läuft, verkrangelt es.*

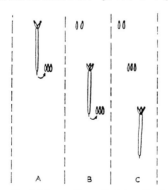

*Bei hohen Abseilstellen muß man Zwischenstände einrichten.*

## Klettersteigtechnik

Für die abgesicherte horizontale Fortbewegung benutzt man in Canyons eine Technik, die von den ostalpinen Klettersteigen bekannt ist. Voraussetzung ist, daß bereits ein Fixseil existiert. Das Einrichten dieses Fixseiles ist schwierig und gefährlich, dabei verfährt man so, wie im Kapitel ☞ Querung und Notausstieg beschrieben ist.

*Kommt man an einen Fixpunkt, hängt man erst die freie Sicherungsschlinge ein (vorne) und löst dann die hintere. So ist man stets mit dem Fixseil verbunden. Anmerkung: Für das Festknoten des Seiles am Karabiner eignet sich hier eher ein Mastwurf (dargestellt ist ein Achterknoten).*

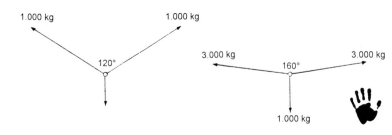

*Ist der Durchhang zu gering, kann bei einem Sturz der Fangstoß sehr groß werden. Wird an den Zwischensicherungspunkten das Seil nur so befestigt, daß es frei durch den Karabiner gleiten kann, wird das Seil nachgeben und den Fangstoß verringern.*

## Querung und Notausstieg

Bei einem Unfall, bei Wetterwechsel oder falscher Tourenplanung kann es vorkommen, daß man aus dem Canyon seitlich hinausklettern muß. Dies ist nur an ganz wenigen Stellen möglich und stets mit großer Gefahr verbunden (Absturz, lockere Felsen, Steinschlag). Soweit möglich, muß der Seilerste an Fixpunkten Zwischensicherungen legen. Ganz wichtig ist, daß man sich für die richtige Uferseite und die richtige Stelle entscheidet - schon vor der Tour das Gelände diesbezüglich untersuchen und Karte beachten!

Um eine Querung einzurichten, verfährt man im Prinzip genauso, nur daß der Seilerste hier bei einem Sturz einen weiten Pendler um den letzten Zwischensicherungspunkt ausführt. Die Verletzungsgefahr ist erheblich, deshalb den Abstand der Zwischensicherungen möglichst eng wählen!

*Der Seilerste (A) geht in den Vorstieg und wird vom Zurückbleibenden (B) mit Halbmastwurf gesichert (Abseilachter hat zu wenig Bremswirkung). Eine Sicherung existiert nur, wenn er entsprechende Zwischensicherungspunkte legt. Beim Sturz fällt er zwar am obersten Punkt vorbei, wird dann aber vom Seil abgefangen. Dabei wirken an der Zwischensicherung enorme Kräfte: die doppelte Gewichtskraft sowie doppelter Fangstoß (rechts).*

*Vorstieg von A*

*Nachstieg von B*

Nachdem A sich selbst gesichert und einen Standplatz eingerichtet hat, folgt ihm B und nimmt alle angebrachten Zwischensicherungen wieder mit. A sichert B über HMS oder Abseilachter ("Top-Rope"), B ist jetzt viel besser gesichert, da im Falle eines Sturzes ein viel geringerer Fangstoß auftritt.

## Der Fangstoß

Oberstes Gebot muß es sein, nicht zu stürzen. Stürzt man dennoch, so fällt man ein Stück hinab, bevor man von der Seilsicherung aufgefangen wird. Dabei tritt der sogenannte "Fangstoß" auf, das ist die Kraft, die benötigt wird, um den Körper abzubremsen. Das Seil muß diese Kraft plus das Gewicht des frei hängenden Körpers aushalten, die Sicherungsfixpunkte wegen der Umlenkung (siehe Flaschenzug) fast das Doppelte. Auf vielen Kletterartikeln ist die Belastbarkeit in Kilonewton (kN) angegeben, 1 kN entsprechen der Gewichtskraft von ca. 100 Kilogramm (kg).

Warum aber sind Seile und Kletterkarabiner auf Kräfte bis über 10 kN, also für Gewichte über 1.000 kg ausgelegt? Der Fangstoß kann sehr viel größer als die Gewichtskraft werden. Am einfachsten berechnet man ihn beim freien Fall in der Senkrechten, hier ist er etwa die Gewichtskraft multipliziert mit der Höhe des Falles geteilt durch die Länge des Bremsweges. Stürzt ein 100 kg schwerer Canyonist also 5 m hinunter und wird auf 20 cm Weglänge abgebremst, so beträgt der Fangstoß 1 kN x 5 ÷ 0.2 = 25 kN. Dies hält kaum ein Seil, Haken oder Karabiner aus.

Die gleiche Kraft tritt übrigens auf, wenn der Canyonist 50 cm hinunterfällt und auf 2 cm Weglänge abgebremst wird - allein die Brechzahl (Quotient) aus Fallhöhe und Bremsweg entscheidet über den Fangstoß!

Wenn man die Fallhöhe reduziert und den Bremsweg möglichst lang macht, dann wird dieser Quotient (in der Physik auch G-Faktor genannt) klein, und die Kräfte, die Seil und Sicherung aushalten müssen, werden gering. Auch an Standplätzen und Querungen ist es wichtig, daß man nicht höher als der letzte Sicherungspunkt steigt und Sicherungsseile immer straff hält (☞ Bild).

Der Bremsweg wird verlängert, indem man spezielle, dehnbare Kletterseile verwendet. Diese "dynamischen" Seile machen den Sturz weicher, reduzieren den Fangstoß und die damit auftretenden Kräfte in Karabiner und Haken enorm. Die oben skizzierte Technik des Vorstiegs sollte nur mit einem dynamischen Sicherungsseil durchgeführt werden.

*Fangstoß: 7 kN*            *Fangstoß: 18 kN*

*Fangstoß am dynamischen und statischen Seil bei einer Sturzhöhe von 1,2 m und einer Seillänge von 0,6 m.*

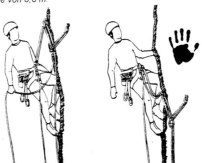

*Ein Fangstoß tritt immer dann ein, wenn man in das Seil hineinfällt. Er ist nicht nur von der Höhe der Fallstrecke, sondern auch vom Abbremsweg abhängig. Hier ist der Fangstoß extrem groß, da der Bremsweg sehr kurz ist (Bandschlingen sind statisch). In der rechts gezeigten Situation würde der Fangstoß etwa eine Tonne betragen - eine Grenzbelastung!*

# Schwierigkeitsbewertung

Wie beim Wildwasserfahren und zu den Anfangszeiten des Freikletterns gibt es eine Schwierigkeitsskala mit sechs Graden, die für zukünftige Entwicklungen nach oben offen ist. Sie ist in allen deutschsprachigen Publikationen gebräuchlich. Ausländische Beschreibungen benutzen uneinheitliche Bewertungsmaßstäbe, z.B. Lucot/Quintilla: C2 = F (facile) und PD (peu difficile); C3 = AD (assez difficile); C4 = TD (très difficile); C5 und C6 = ED (extremement difficile).

Niedrigwasser ist Basis der Bewertung. Bei C4-, C5- und C6-Canyons muß man spezielle Angaben zu den benötigten Seillängen beachten.

## C1: einfach / leicht
Einfacher Wandercanyon, "Über-Stock-und-Stein-Wanderung" auf Kiesbänken, gelegentliche Schwimmstrecken, keine Kletterpassagen, keine Sprünge, keine Abseilstellen. Leichte Strömungen. Auch von Einsteigern begehbar, notwendig sind Neopren (Longjohn), Turnschuhe und Helm.

## C2: mäßig schwierig
Canyonwanderung mit leichten Kletterstellen und Sprüngen bis zu 3 Meter Höhe. Vereinzelt flotte Strömung, Seil oder Wurfsack ist hilfreich. Längere Schwimmstrecken, warmer Neoprenanzug notwendig. Ausrüstung sonst wie C1. Von sportlichen Einsteigern begehbar.

## C3: schwierig
Freie Abseilstellen bis 10 Meter, Sprünge bis 5 Meter Höhe. Strömungen können gefährlich werden. Alpine Erfahrungen und Kletterkenntnisse sind notwendig, außerdem muß man die Fähigkeit haben, selbständig Sicherungsstände einzurichten. Ausrüstung wie C2, zusätzlich werden Bandschlingen, 50 m Kletterseil, Abseilachter und Sitzgurt benötigt.

## C4: sehr schwierig
Abseilstellen bis 30 Meter, Sprünge bis 8 Meter Höhe, gefährliche Strömungen. Alpine Erfahrung auch in schwierigen Canyons, gute Kletterkenntnisse sowie die Fähigkeit, eigene Sicherungen anzubringen, sind unbedingte Voraussetzung. Teilweise ausgesetzte

Kletterei notwendig, ohne volle Sicherungsmöglichkeit für den ersten Mann. Ausrüstung wie C3, zusätzliche Reserveseile mitnehmen.

## C5: äußerst schwierig
Abseilstellen bis 100 Meter, Sprünge bis zu 12 Meter Höhe. Strömungen sehr gefährlich. Erfahrung in sehr schwierigen Canyons und perfektes Kletterkönnen sind notwendig. Absolute Vertrautheit im Umgang mit Fels und Seil. Einrichten von Zwischenstandplätzen in der senkrechten Wand. Ausrüstung wie C4, Steigklemmen hilfreich.

## C6: im allgemeinen ungangbar
Canyon wird nur in Ausnahmefällen von absoluten Experten begangen.

# Gefahren

Canyoning ist eine relativ ungefährliche Sportart - wenn man sie richtig betreibt. "Richtig" bedeutet aber, daß man die Gefahren kennt. Für den Anfänger ergibt sich eine ganze Latte von verborgenen Gefahrenmomenten. Ganz wichtig sind nach jeder Tour die kritische Selbstanalyse und die Kommunikation mit den Kollegen - nur so lernt man dazu.

## Abgeschiedenheit

Die Einsamkeit unzugänglicher Flußlandschaften macht das Canyoning reizvoll, birgt aber auch eine gewisse Gefahr. Wenn etwas schiefgeht, hat man praktisch keine Sicherheitsreserven. Hilfe von außen ist nicht zu erwarten, im Canyon kann meist nicht einmal der Rettungshelikopter der Bergwacht landen. Außerdem dauert es Stunden, bis er alarmiert ist.

## Wasserstand

Das Wasser im Canyon ist wie das Salz in der Suppe, ganz ohne wird die Suppe nicht schmecken, aber auch zuviel bekommt nicht gut. Selbst wenn es am Einstieg so aussieht, als sei der Wasserdurchlauf unproblematisch, kann es in Engstellen schon zuviel sein. Und gerade die Engstellen sind das Kriterium.

Kaum ein Alpenfluß hat heute noch seine natürliche Durchflußmenge. Fast alle wurden zur Ader gelassen, dann sitzt ein Wehr mit mehr oder weniger großem Stausee im Oberlauf. Diese Stauwehre können prinzipiell jederzeit (!) aufgerissen werden. Eine lebensgefährliche Hochwasserwelle stürzt durch das Tal und trifft den Canyonisten völlig unvorbereitet. Bei einem Gewitter hätte man noch ein paar Minuten Zeit gehabt, sich zum nächstmöglichen Ausstieg aufzumachen.

Auskünfte über Wasserablässe sind nicht zu bekommen. Die Kraftwerksgesellschaften stehlen sich aus der Verantwortung, indem sie zahlreiche Schilder am Bachlauf aufstellen: "Achtung Wasserschwall. Betreten des Bachbettes verboten." Entweder die anliegenden Gemeinden wurden mit großzügigen Geldgaben willig gemacht, oder der gesamte Bachlauf wurde kurzerhand aufgekauft, um freie Hand zu haben.

Nun ist aber nur ganz selten ein Wasserschwall zu beobachten, außerdem stehen diese Schilder an fast jedem Bachbett der Alpen. Für den Canyonisten bleibt ein permanentes Restrisiko.

Auch die verstärkte Schneeschmelze am Nachmittag kann sich auf den Wasserdurchlauf auswirken, insbesondere unterhalb von kleinen Ableitungen, wenn das Wasser plötzlich beginnt, über das Wehr zu laufen. Reicht es nicht mehr für einen schnellen seitlichen Rückzug vor dem Hochwasser, müssen möglichst hoch gelegene, breite Flußstrecken aufgesucht werden, an denen sich das Wasser besser verteilen kann und nicht so schnell fließt.

## Wetter

Nach dem prüfenden Blick zum Bach der Blick in den Himmel: Speziell in den Bergen treten Sommergewitter plötzlich auf und sind außerordentlich heftig. Wenn es über einem im engen Canyon niedergeht, paßt das Intro von Ennio Morricones "Spül mir das Lied vom Tod". Im Sommer 1995 wurde es zur furchtbaren Wirklichkeit: ein harmloser Laufcanyon ohne technische Schwierigkeiten, jedoch auch ohne Ausstiegsmöglichkeit, wurde für eine Schulklasse zur Falle. Innerhalb kürzester Zeit stieg das Wasser, und drei Kinder ertranken.

Wie sich **Niederschläge** auswirken, hängt davon ab, wieviel als Oberflächen- und wieviel als Grundwasser abfließt. Nur das Oberflächenwasser verursacht plötzliche Flutwellen, die auch oft ebenso schnell wieder verschwinden. Grundwasser braucht dafür mehrere Tage. Je flacher das Gelände und je stärker der Bewuchs, um so mehr Wasser kann der Boden aufnehmen. Stark durchwurzelte Laubwaldböden sind die besten Schwämme. Leider wurde im Mittelalter fast der ganze Mittelmeerraum abgeholzt und die schutzlose Erdkrume weggespült. Insbesondere Kalkböden regenerieren sich nur langsam; 30 m müssen verwittern, um eine 1 m hohe Erdschicht aufzubauen.

Tückisch sind ausgedörrte Halbwüsten: das Kapillarsystem des Bodens ist mit Luft gefüllt, Regen kann nicht eindringen und fließt komplett auf der Oberfläche ab. Den ausgespülten Klammen sieht man an, wieviel Wasser da von Zeit zu Zeit hindurchrauscht und welche Gewalten dann entfesselt sind.

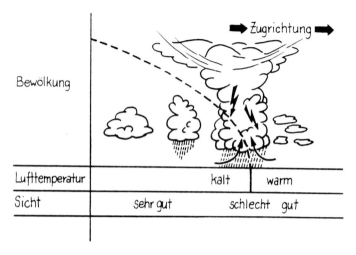

*Okklusionsfront*

**Gewitter** entstehen, wenn unterschiedlich warme Luftmassen aufeinandertreffen. Je nach Ursache der Temperaturdifferenzen unterscheidet man in thermische Gewitter, die bei starker Sonneneinstrahlung in den Monaten Mai bis September entstehen, und Frontengewitter, die durch den Anzug einer Kaltfront ausgelöst werden, die sich unter die vorhandenen warmen Luftmassen schiebt (Okklusion).

Die Entwicklung einer thermischen Gewitterzelle läßt sich über mehrere Stunden beobachten. Nur wenn die Luft ausreichend labil geschichtet ist, werden sich die harmlosen Schäfchenwolken zu der gefährlichen Amboßform entwickeln. Ein guter Hinweis auf die Labilität der Luft sind Türmchenwolken und Flockenwolken, die sich in den frühen Morgenstunden bilden und bald wieder auflösen.

Ein Frontengewitter kann zu jeder Tages- und Nachtzeit heranziehen. Die Wolken bilden sich wesentlich schneller und ohne atmosphärische Vorankündigungen, allein die Steilheit des Kaltluftkeiles bestimmt die Gewitterintensität. Niederschläge fallen meist großflächig. Frontengewitter sind extrem gefährlich!

Blitze schlagen in der Regel in exponierte Grate und Gipfeltürme ein - im Canyon ist man da relativ sicher. Wesentlich höher ist die Gefährdung durch einen massiven Steinschlag, der mit Starkniederschlägen einhergeht. Doch selbst wenn sich das Gewitter nur lokal im weit entfernten Quellgebiet austobt, führt es zum Anstieg des Flusses. Deshalb muß man bei jedem Gewitter so schnell wie möglich die Klamm verlassen!

Den einzigen wirklichen Schutz bietet eine gewissenhafte Beurteilung der Wetterlage. Als Grundlage dient der Regionalwetterbericht per Telefonansage, der auch am Morgen der Tour noch einmal abgehört werden sollte. Prognosen aus Zeitungen bieten nur eine Übersicht, sie sind nicht so aktuell und regional gebunden. In den meisten europäischen Ländern gibt es inzwischen nach verschiedenen Regionen gegliederte detaillierte Auskunftsdienste, die mehrmals am Tag aktualisiert werden - allerdings nur in der Landessprache. Von Interesse ist auch der Flugwetterbericht, hier wird auf die Gewittergefahr explizit eingegangen.

> *Wetter* - Basiswissen für Draußen (Band 13) von Michael Hodgson und Meeno Schrader. Conrad Stein Verlag, 1994, DM 12,80.

## Technische Gefahren

Im Canyon trifft man auf Sicherungsmittel, die oft über Jahre, wenn nicht über Jahrzehnte äußerst widrigen Witterungsverhältnissen ausgesetzt waren. Ständige Feuchtigkeit, Hochwasser und Eis arbeiten Jahr für Jahr an den angebrachten Haken und Ösen, ihre Festigkeit nimmt rapide ab. Hinter dem Befestigungsplättchen sieht man nicht, wie stark der Haken noch im Fels verankert ist. Auch trägt er keine Visitenkarte, auf dem sein Alter vermerkt ist. Eine Studie über die Korrosionsanfälligkeit liest sich wie ein Krimi (☞ Literatur, "Mehr Sicherheit beim Bergsport"). Man sollte Abseilpunkte immer durch ruckartiges Anreißen mit einer Bandschlinge prüfen und stets mindestens zwei Haken gleichzeitig verwenden - dann hält hoffentlich wenigstens der zweite.

Bandschlingen und Reepschnüre können vom Abziehen des Seiles beschädigt sein (Schmelzverbrennung), Wasser und Sonne lassen das Material ermüden. Im Zweifelsfall sollte man alte Schlingen und Schnüre gegen neues Bandmaterial austauschen.

## Schlangenbiß

Eine ernsthafte, jedoch meist nicht tödliche Gefahr geht nur von der Aspisviper aus. Sie hat ihren Lebensraum in unmittelbarer Nähe von Fließgewässern. Man sollte sich ihr Äußeres einprägen (☞ Der Canyon, Fauna und Flora).

Einen Giftschlangenbiß erkennt man an dem typischen Bißbild. Es sind nur die zwei paarig angeordneten Einstiche der Giftzähne des Oberkiefers zu erkennen. Von den Zähnen des Unterkiefers sind lediglich einige kleine, kaum blutende Wunden sichtbar. Der Biß fängt bald an, stark zu schmerzen.

Ungiftige Natternbisse erkennt man an mehreren hufeisenförmigen Reihen gleichmäßiger, nadelstichartiger Zahneinschläge. Die Wunde blutet sofort. Der Biß einer Natter ist ungefährlich, es können jedoch Sekundärinfektionen wie z.B. Wundstarrkrampf folgen. Arzt aufsuchen!

Bei Giftschlangenbiß (Viper) ist Erste Hilfe sinnvoll: Ruhigstellen des betroffenen Körperteiles, Erweitern der Wunde mit steriler Klinge, Giftextraktionsgeräte anwenden (Pumpen, z.B. Venom-Ex), Anlegen einer Staubinde oberhalb der Bißstelle (Richtung Herz), Schockgefahr beachten und evtl. behandeln.

Die Binde muß spätestens alle 20 Min. kurz gelockert werden, damit das Körperteil nicht abstirbt. Der Verletzte sollte sich möglichst überhaupt nicht mehr bewegen, damit die Blutzirkulation so gering wie möglich bleibt. Ist keine Luftrettung möglich, muß man darauf achten, daß sich der Verletzte bei der Bergungsaktion so wenig wie möglich anstrengt. Der Abtransport erfolgt am besten liegend.

Wichtige Fragen des Arztes sind: Art der Schlange, Lage der Bißwunde, Uhrzeit der Verletzung, Uhrzeit der letzten Staubindenöffnung, wurde schon ein Antiserum oder ein anderes Mittel (z.B. zur Schockbekämpfung) gegeben.

## Physische und psychische Gefahren

Durch Schluchten sollte man nie alleine laufen. Ein Fuß ist schnell verknackst, der Meniskus kann jederzeit verrutschen und dann sitzt man bewegungsunfähig in einer Gegend, in die sich nur alle Schaltjahre ein Mensch verirrt.

Im kalten Wasser wird dem Körper ständig Wärme entzogen, gepaart mit der starken körperlichen Anstrengung ist der Energieverbrauch extrem hoch. Krämpfe sind ein erstes Zeichen der Unterversorgung, das Schockrisiko ist stark erhöht. Auch verengen sich die äußeren Blutgefäße, um die Temperatur im Körperstamm aufrechtzuerhalten; die Feinmotorik der Extremitäten (Arme, Beine) wird gestört.

Dabei kann man sich tatsächlich "abhärten": langfristig ist es möglich, den Körper an die extremen Temperaturen zu gewöhnen. Personen, die sich häufig im kalten Wasser aufhalten, reagieren viel weniger empfindlich.

Schon einen Tag vor der Canyontour sollte man die Ernährung umstellen und den körpereigenen "Glykogenspeicher" mit Kohlehydraten auffüllen. Auch in der Klamm bevorzugen wir kohlehydrathaltige Nahrung (Traubenzucker, Weißbrot, Energieriegel) und isotonische Getränke - vor allem in den südeuropäischen Flüssen, wo das Wasser meist nicht genießbar ist. Fette und proteinhaltige Nahrung sollte man zu Hause lassen, sie belasten den Körper zusätzlich mit anstrengender Verdauungsarbeit.

In engen Schlüsselpassagen wird das Rauschen des Wassers von den Klammwänden reflektiert und extrem verstärkt, gleichzeitig ist es dunkel: ein apokalyptisches Szenario, das Urängste wachrüttelt. Plötzliche Höhenangst, Klaustrophobie, Hektik oder Nervosität verursachen Fehlverhalten und trüben die Entscheidungsfähigkeit. Dann ist es wichtig, daß eine Person die Führung übernimmt, Entscheidungen trifft und den weniger belastbaren Gruppenmitgliedern Sicherheit und Ruhe vermittelt.

Erfahrung kann man nicht kaufen, doch kann man in verwandten Sportarten Erfahrungen sammeln und auf Canyoning übertragen. Bei einem Wildwasserkurs mit dem Kanu lernt man Strömungsverhältnisse kennen, das Wildwasserschwimmen läßt sich am Augsburger Eiskanal hervorragend trainieren (zu Zeiten, in denen keine Kajaks auf dem Wasser sind), und die Höhenangst verliert man in einem Kurs mit einer Kletterschule, z.B mit der nächsten Sektion des Alpenvereins. Zur individuellen Tourenplanung ist es dann nur noch ein kleiner Schritt.

- *Rafting* - Basiswissen für Draußen (Band 1) von Jib Ellison. Conrad Stein Verlag, 1992, DM 12,80.
- *Kanuwandern* - Basiswissen für Draußen (Band 11) von Rainer Mareik. Conrad Stein Verlag, 1996, DM 14,80.
- *Bergwandern* - Basiswissen für Draußen (Band 9) von Tim Castagne. Conrad Stein Verlag, 1994, DM 12,80.

## Unvorhergesehenes

Eine letzte, nicht zu unterschätzende Gefahr liegt in der vollkommen unvorhersehbaren Grauzone. Es kann vorkommen, daß Waldarbeiter Baumstämme in die Klamm kippen, das Seil kann verklemmen oder verlorengehen, man kann einen Rucksack an der Abseilstelle vergessen. Nachdem das Seil abgezogen wurde, gibt es kein Zurück mehr. Und es gibt nur diesen einzigen Weg hinaus: den Lauf des Wassers...

## Erste Hilfe nach Unfällen

Der **Abbruch einer Canyontour** ist nur an ganz wenigen Stellen möglich und mit extremen Schwierigkeiten verbunden. Jeder, der schon einmal mehrere hundert Höhenmeter durch Wald und Matsch zur Straße hinaufgeseilt hat, weiß, wovon ich spreche. Eine latente Steinschlag- und Absturzgefahr macht den Notausstieg zum gefährlichen Unternehmen.

Es dauert Stunden, bis eine **Rettungsmannschaft** alarmiert ist. Zwischen engen Felswänden ist keine Helikopterrettung möglich und auch die Bergwacht ist oft von den speziellen Anforderungen einer **Canyonbergung** überfordert. Somit haben Vorsicht und Erste Hilfe besondere Bedeutung.

Bei **Schockzuständen** legt man die Beine erhöht und überwacht Puls und Atmung. Unterkühlung vermeiden! Ist ein Kollege im Wasser verklemmt, so bleiben ihm nur für wenige Sekunden Sauerstoff. Eine Rettungsaktion muß sofort eingeleitet werden. Dabei ist der Tod durch Ertrinken bei rascher und richtig durchgeführter Hilfe oft vermeidbar. Meist ist der Canyonist eine junge, gesunde und sportliche Person, und von der **Unterkühlung** im Wasser wird der Stoffwechsel so stark gedrosselt, daß Wiederbelebung selbst nach 30 Minuten noch Erfolg haben kann.

Reanimation muß also unbedingt versucht werden. **Mund-zu-Mund-Beatmung** erfolgt bei geschlossener Nase und überstrecktem Kopf, die Herzdruckmassage in Brustmitte mit einer Frequenz von fünf Stößen auf einen Atemzug.

☞ Die **Herzdruckmassage** darf nur bei Herzstillstand durchgeführt werden, sonst besteht die Gefahr, daß man ein schwach pumpendes Herz zu Tode "reanimiert".

Bei Sprüngen und Stürzen kann man sich an Beinen und Armen verletzen. **Brüche** müssen ruhiggestellt und geschient werden. Ein starker Schlag auf das Gesäß kann die Wirbelsäule verletzen, dann verklemmen sich Nervenbahnen zwischen den Knochensplittern. Extreme Schmerzen, Bewußtlosigkeit und Lähmungserscheinungen müssen nicht unbedingt zum Unfallzeitpunkt eintreten, sondern können jederzeit danach durch eine ungünstige Körperbewegung ausgelöst werden. Dann besteht extreme Ertrinkungsgefahr, bei Wirbelsäulenverletzung ist die Krümmung des Körpers soweit wie möglich zu vermeiden!

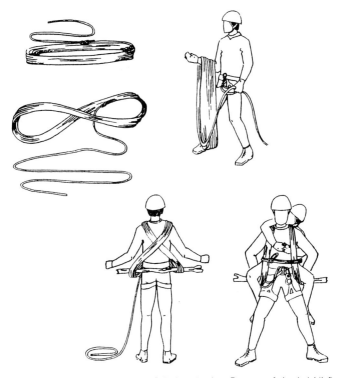

*Verletztentransport. Bei langen Schwimmstrecken Person auf der Leichtluftmatratze befördern.*

*Flaschenzug*

## Führungsverantwortung

Die meisten Menschen wissen überhaupt nichts mit dem Wort "Canyoning" anzufangen. Die Spanne, wie selbst gewissenhaft ausgeübtes Canyoning in der Öffentlichkeit und bei evtl. zu regelnden Haftungsfragen eingeschätzt wird, reicht vom "Baden im Fluß" über "wackeres Waten im Wasser" bis "grob fahrlässige, lebensmüde Tollheit".

Jeder Teilnehmer haftet für die Qualität des von ihm eingebrachten Materials. Stets kommt dem Führer einer Gruppe besondere Verantwortung zu. Er muß die Tour so einschätzen, daß sie das Können der Geführten nicht übersteigt. Auf spezielle Risiken wie hoher Wasserstand, Steinschlag, späte Tageszeit oder schlechtes Wetter muß er rechtzeitig aufmerksam machen und entsprechende Anweisungen geben. Das gilt bei allen Touren: kommerziell geführten Touren, Vereinsausflüge und Privatbegehungen. Im Freundeskreis ist derjenige verantwortlich, der die weniger Informierten erkennbar anführt, Erwachsene haben automatisch eine Führungsverantwortung gegenüber Minderjährigen. Bei einem Unfall ist also prinzipiell ein Mitverschulden des Anführers möglich - auch wenn ihm keine direkte Schuld nachzuweisen ist.

# Do it yourself

Wir empfehlen niemand, mit diesem Buch in der Hand den nächstbesten Canyon anzugehen. Selbst wenn Sie es auswendig kennen und gerade stolz die perfekte Ausrüstung erworben haben, würden Sie sich wahrscheinlich in größte Gefahr begeben. Das Beispiel der Sportkletterer sollte uns abschrecken: seit einigen Jahren verzeichnet die Bergwacht eine extreme Zunahme alpiner Unfälle. Besonders junge Kletterer mit hohem technischen Wissen scheitern häufig nicht an fehlender oder schlechter Ausrüstung, sondern an schlichter Unkenntnis und Unterschätzung der alpinen Gefahren. In warmen Kletterhallen gibt es kein Risiko, hier wird niemals ein Griff oder ein Haken ausbrechen - allein aus dem Grund, weil der Besitzer der Halle verantwortlich wäre. Doch im freien Gelände ist jeder für sich selbst verantwortlich. Plötzlich werden Entscheidungen verlangt, auf die man durch das Lernen der reinen Technik nicht vorbereitet wurde.

Dennoch: je besser eine Canyontour vorbereitet ist, desto seltener treten unliebsame Überraschungen auf. Für Infos hält man sich an einen zuverlässigen Freund oder kauft einen Flußführer. In Paddlerkreisen gibt es brauchbare Literatur, und ein Kleinfluß, der mit dem Kajak zu befahren ist, eignet sich bei Niedrigwasser meist auch zum Canyoning.

Doch muß man aufpassen, daß tatsächlich nur die beschriebene Etappe begangen wird und man sich nicht ein paar Meter oberhalb des Einstiegs oder unterhalb des Ausstiegs oder gar in einem Seitencanyon befindet. Auch bei Tips von Kollegen lieber noch einmal ganz genau nachfragen.

Alle Canyons sind flußabwärts bequemer zu bewältigen als flußaufwärts. Es ist einfacher, Wasserfälle hinabzuspringen, als auf dem oft glitschigen Fels hinaufzuklettern. Auch Engstellen mit Strömung durchschwimmt man lieber mit als gegen den Fluß. Die professionelle Art des Canyoning ist die mit dem Wasser - aber das ist gefährlich. Plötzlich steht man vor einer Engstelle, an der es nicht mehr weiter geht - und dann? Der Rückweg gegen das Wasser ist wesentlich schwieriger, wenn nicht sogar unmöglich. Einbahnstraße und Sackgasse gleichzeitig!

Dem Neuling empfehlen wir, Canyons erst einmal von unten anzugehen. Dabei kann er nach Herzenslust experimentieren, entweder er schafft es auf Anhieb ganz durch, oder er kommt nur bis zu einer Stelle, die stromauf nicht machbar ist. Damit hat er aber bereits eine Schlüsselstelle gesehen und kann besser einschätzen, was ihn erwartet. Auch entwickelt er ein Gefühl dafür, welche Stellen man hinaufkommt und welche nicht. Wenn er dann umkehrt, kennt er den Rückweg schon.

Wer gleich aufs Ganze gehen möchte und keine Lust auf lange Vorbereitungen hat, sollte sich an einen professionellen Veranstalter wenden. Der Gruppenleiter kennt die reizvollsten Schluchten und sorgt für die notwendige Ausrüstung. Die Anreise wird gemeinschaftlich organisiert, ebenso Unterkunft und Verpflegung.

Seriöse Anbieter senden den Teilnehmern ausführliche Vorabinformationen zu, geben Hinweise auf Landestypisches und Sehenswürdigkeiten. Sie kümmern sich auch um Respekt und Schutz der Natur.

## Verständigung

Am Einstieg zur Canyontour sollte man bestimmte Handzeichen festlegen. Im Canyon ist die Verständigung gerade an den kritischen Stellen kaum möglich, jedes Wort geht im Rauschen des stürzenden Wassers unter. Die üblichen Zeichen sind:

- offene Hand, Zeigefinger auf Daumen: "Stand", Selbstsicherung erreicht, Fremdsicherung kann aufgelöst werden,
- gereckter Daumen: der nächste kann nachkommen, er ist gesichert und kann seine Selbstsicherung abbauen,
- wellenförmige Handbewegung: "Seil frei", das Seil kann eingezogen werden,
- Faust: Stein,
- gestreckte Hand auf Faust: Wasserfall mit Stein im Unterwasser,
- gestreckte Hand unter Faust: Siphon,
- offene Handfläche: Gefahr,
- zwei offene Handflächen: zurückbleiben,
- offene Handflächen zum Boden: warten,
- gestreckter Zeigefinger aufs Auge: Stelle anschauen,
- gekrümmter Zeigefinger vorm Auge: fotografieren,
- Handfläche am Hals: Lebensgefahr,
- über dem Kopf gekreuzte Arme: unmöglich, ungangbar.

## Entscheidungskriterien vor der Tour

- Wie groß ist der Zeitbedarf, wann wird es dunkel?
- Stimmt die Ausrüstung bei allen Teilnehmern?
- Wie hoch sind die zu erwartenden Schwierigkeiten?
- Ist der Wasserstand niedrig genug?
- Eignet sich das Wasser zum Trinken?
- Wie ist die Wassertemperatur, habe ich die adäquate Ausrüstung dabei?
- Wann ist der Sonnenstand günstig für die Exposition des Tales?
- War die Wettervorhersage stabil?
- Ist eine genaue Landkarte dabei?
- Wo befindet sich der nächste Wanderweg, gibt es Möglichkeiten zum Abbruch der Tour?
- Gibt es Hinweise auf Lawinen, Eisschlag oder Bergstürze, die in den Canyon abgegangen sind?
- Wo steigen wir aus dem Canyon aus? Müssen wir dort trockene Kleidung deponieren?
- Wer ist der schwächste in der Gruppe? Ist er für die Tour bzw. die Tour für ihn geeignet? Hat er tatsächlich den notwendigen Willen, die Kondition und psychische Belastbarkeit?
- Was machen wir, wenn etwas schiefläuft?

## Canyoninggebiete im Überblick

In **Spanien**, dem klassischen Canyoningland, gibt es zahlreiche Möglichkeiten. Allen voran die Kalksteincanyons des Nationalparks Sierra de Guara, zwischen Huesca und Ainsa südlich der Pyrenäen gelegen. Beliebt ist das Gebiet von Río Vero und Mascún, auf dem Campingplatz in Rodellar liegt man im Herzen der Szene.

Die umliegenden Canyons werden im Sommer von zahllosen Veranstaltern mit großen Gruppen aufgesucht. Es kann ein tolles Erlebnis sein, wenn man mit Fahrrad, Motorrad, Zug oder Bus anfährt und sich kurzfristig einer Gruppe Südländer anschließt.

Im Prinzip kann man dort ganzjährig gehen, Achtung aber bei Herbstgewittern und den typischen winterlichen Mittelmeertiefs.

Auch auf **Mallorca** wird Canyoning kommerziell angeboten, überwiegend von Großveranstaltern. Als Highlight sei hier der Sa Fosca Blu erwähnt.

**Frankreich** besitzt eine intensive Szene mit vielen Veröffentlichungen, reichlich Anbietern und hochentwickelter Ausrüstung. Die meisten Canyonbeschreibungen gibt es auf französisch. Vercors, Aragon und Alpes Maritimes (einige gesperrte Canyons) sind Paradiese, vieles ist beschrieben, noch mehr ist ausgebohrt. Doch es gibt kaum eine Schlucht, in der man nicht auf andere Gruppen trifft. Der Klassiker im Zentralmassiv ist der Granitcanyon des oberen Chassezac (Einstieg Stausee Rachas oder Garde-Guérin), und auch im Jurakalk gibt es einige Routen.

Im Granit **Korsikas** (Verghello, Solenzara) und in den Kalkregionen von **Zentral- und Ostsardinien** (Su Gorroppu) wurden ab Anfang der neunziger Jahre Routen gebohrt, die Saison geht von Mai bis Okober. Außer in den Südwestalpen ist Canyoning in Italien noch nicht allzu verbreitet, im Granit der **Zentral-** und Kalk der **Ostalpen** gibt es noch viel Neuland. Auch die Canyons Siziliens und Apuliens sind weitgehend unbekannt.

Die Standardcanyons der **Schweizer Alpen** sind Räbloch der Emme und Via Mala des Hinterrheins, doch es gibt auch echte Knüller wie z.B. die Melchaa oder die obere Große Emme. Leider ist die Saison kurz: noch Anfang Juli können Schmelzwasser jedes Betreten der Klammen vereiteln, und auch im Hochsommer muß mit Schlechtwetterperioden gerechnet werden. Ähnliches gilt für **Bayern** und die **Österreichischen Alpen**, hier steckt Canyoning noch in den Kinderschuhen.

Auch über **Slowenien** ist wenig bekannt. Fest steht, daß die Kalkschluchten rund um Bovec landschaftlich Phantastisches bieten. In **Kroatien** und **Bosnien** gibt es Flüsse, die über viele Kilometer in den Untergrund verschwinden... Richtung **Griechenland**, **Türkei**, **Kreta** oder **Zypern** beginnt Terra incognita - abgesehen von der Samaria-Schlucht, die in diesem Zusammenhang als Spaziergang bezeichnet werden muß.

Von den Fernreisezielen sei hier nur **Réunion** im Süden des Indischen Ozeans erwähnt, das aufgrund seiner Zugehörigkeit zum französischen Mutterland ebenso wie Korsika ein Häppchen vom Canyoningtourismus abbekommen hat, sowie die ebenfalls vulkanische Pazifikinsel **Hawaii**.

Dagegen haben uns die Sandsteincanyons um den **Grand Canyon/Arizona** eher etwas enttäuscht. Canyoning als Sport ist in den

USA auch noch vollkommen unbekannt. Vielleicht haben wir bei der weitläufigen Landschaft aber nur nicht die richtige Spalte gefunden...

- *Es gibt kein Zurück* von Sandra Schuffelen. In: abenteuer & reisen 8/1991, S. 68-71. Über Canyoning in Spanien.
- *Abenteuer in der Unterwelt* von Alfons Zaunhuber. In: Berge 51/1991, S. 34-36. Über die Faszination Canyoning.

## Veranstalter

Mehrere etablierte Raftingunternehmen bieten Canyoningtouren an, sei es als zusätzliches Standbein, sei es um sich gegenüber der Konkurrenz einen Wettbewerbsvorteil zu sichern. Auf jeden Fall liegt dort der Interessenschwerpunkt weiterhin beim Raften, und Canyoning ist eine Sportart, die nebenbei betrieben wird. Meist haben diese Unternehmen nur zufällig entdeckte, weitgehend unattraktive Halbtagescanyons in unmittelbarer Nähe zur Raftingbasis im Programm. Kurz, einfach und dennoch "Canyoning" - bevor man sich zu Kaffee und Kuchen in die Nobelherberge begibt.

Gelegentlich kommt es vor, daß Raftguides, die nie für Canyoning ausgebildet wurden, mit Kunden durch Schluchten stolpern, die sie noch nie vorher gegangen sind. Wenn ein derartiger Ausflug unvorhergesehenerweise zwei Tage dauert, inklusive Notbiwak in der Schlucht, dann weiß der Pauschalurlauber, was er garantiert nie wieder machen wird.

Besser ist es, man wendet sich an Veranstalter, die auf Canyoning spezialisiert sind. Da ist dann zwar das gesamte Rahmenprogramm nicht bis aufs i-Tüpfelchen durchorganisiert, doch dafür stimmt die Betreuung in der Schlucht, die Guides sind absolut ortskundig und man ist vor unliebsamen Überraschungen weitgehend sicher.

Vor dem ersten Canyon wird im einfachen, offenen Gelände den Teilnehmern praktische Seiltechnik und mentale Gefahrenbewältigung nähergebracht. Gleichzeitig kann schon hier eine erste Einschätzung nach Belastbarkeit und Lernbereitschaft stattfinden, denn grundsätzlich wird der Schwächste einer Gruppe die Schwierigkeit der Tour bestimmen.

Um individuelle Betreuung und optimale Sicherheit gewährleisten zu können, wird die Anzahl der Teilnehmer in Klettercanyons auf sechs bis acht pro Gruppe begrenzt. Bei insgesamt zehn

Personen und 5 Minuten fürs Abseilen pro Person macht auch das schon 50 Minuten Wartezeit an einem einzigen Wasserfall!

Jede Gruppe sollte von zwei Guides geführt werden. Nur so kann bei Rettungsaktionen der eine Hilfe holen, während der zweite bei der Gruppe bzw. dem Verletzten bleibt. Daß sich mit soviel Personaleinsatz nicht das große Geld verdienen läßt, ist offensichtlich.

Bisher gibt es auch erst wenige deutschsprachige Canyoningspezialveranstalter:

**Canyontours**, Bertram Winkler, Barbarastr. 16, 79106 Freiburg, ☏ 0761/289749, führt Canyoningtouren 1 bis 14 Tage in den Alpen. Breites Angebot in allen Schwierigkeitsstufen, auch für Gruppen bis 20 Personen. Einziger kommerzieller Träger für Forschungs- und Expeditionsaufträge in unbekannte Canyons.

**Alfons Zaunhuber**, Dachauer Str. 155, 80636 München, führt Canyoningtages- und -wochenendtouren im Münchener Raum, Infos gegen Rückporto.

**Outdoor Travel**, Hauptstraße 76, 67089 Bad Dürkheim, ☏ 06322/66471, hat sich auf Canyoningcamps in Spanien spezialisiert, bietet aber auch viele andere lohnende Ziele.

**Lemmingtours**, Jakoberstr. 69, 86152 Augsburg, ☏ 0821/37515, bietet Rafting und ist unter den zahlreichen Veranstaltern für Canyoningtagestouren in Imst/Österreich einer der empfehlenswerten.

**Freiburger Kanuschule**, Gert Spilker & Michael Hauns, Nägeleseestraße 20, 79102 Freiburg, ☏ 0761/78142, FAX 78193, e-mail: kanuschule@t-online.de, mit Schwerpunkt auf Kanukursen und Canyonführungen, organisiert und vermittelt auch Outdoorexpeditionen weltweit.

## Der Verein

Wer hartnäckiger vom Canyoningvirus befallen wurde, der wende sich an den Deutschen Canyoning-Verein. Informationen gibt es bei Alfons Zaunhuber, Dachauer Str. 155, 80636 München, gegen Rückporto.

Der **DCV** ist eine Interessengemeinschaft erfahrener Individualcanyonisten. Seine Ziele sind Einrichtung neuer und Pflege älterer Routen in den Zentralalpen, Organisation von Canyoningcamps und Canyoningtouren sowie Erforschung, Pflege und Schutz natürlicher Schluchten und Klammen.

Er kümmert sich um Dokumentation, Medien- und Öffentlichkeitsarbeit und ist ein geeigneter Ansprechpartner für die Entwicklungsabteilungen der Ausrüstungshersteller.

Offenheit im Erfahrungsaustausch mit Neulingen oder kommerziellen Anbietern ist selbstverständlich.

## Ausbildung

Als Canyoningführer "verführt" man Ahnungslose, sich in ein äußerst tückisches Terrain zu begeben - mit allen zivil- und strafrechtlichen Konsequenzen. Die Zahl der Canyoninganbieter wächst rapide, die Guides kommen aus dem Kanu-, Rafting- oder Bergführerbereich und haben meist keine spezielle Zusatzausbildung. Schon ist abzusehen, daß schwierige Rettungsmaßnahmen nicht nur Veranstalter und Führer, sondern sogar die Bergwacht überfordern. Allein in Frankreich gab es bis 1995 über 30 Tote.

Wer aber bietet eine qualitativ hochwertige Ausbildung zum Canyonist an? Eine **Canyonguide-Schule** sollte integrativ wirken, alle Erfahrungen bündeln, sortieren und weitervermitteln. Doch statt Offenheit und Transparenz zu zeigen, wird verdrängt und sich selbst als Maß aller Dinge gesetzt. Das Gerangel um die lukrativen und prestigekräftigen Ausbildungspfründe ist im vollen Gang, jeder möchte sich am liebsten selbst die Absolution erteilen. Welche Schule sich langfristig durchsetzen wird, ist noch nicht abzusehen. Bis zum Jahreswechsel 1995/96 war jedenfalls von keiner der selbsternannten Guide-Schulen so etwas wie ein Lehrplan oder Prüfungsunterlagen zu bekommen.

Eine Ausbildung zum Canyonguide sollte umfassen: Ausrüstungskunde, Strömungs- und Gewässerkunde, Wildwasserschwimmen, Seil- und Sicherungstechnik, Wetterkunde, Natur und Umwelt, Geographie, Kartographie, Geologie und Hydrologie, Tier- und Pflanzenwelt des Ökosystems Schlucht, Ökologie, Naturschutzgesetze und Bestimmungen, Rechtskunde, alpine Gefahrenkunde, sicherheitsbewußtes Verhalten, Unfallkunde, Erste Hilfe,

Risikoabschätzung, Verletztentransport, Rettungstechnik, Kommunikation mit Hubschrauberbesatzung, Funktechnik, Tourenplanung, Tourenführung, Pädagogik, Didaktik, Methodik, Jugendbetreuung, Trainingslehre. Außerdem sollten Guides über den internationalen Stand der Erschließung und Erforschung neuer Canyons, Literatur und Ausrüstungsentwicklung informiert sein.

In Frankreich wurde die *Commission Canyon* der *Fédération Française de Spéléologie* mit belgischen, spanischen, portugiesischen, österreichischen und deutschen Delegierten ergänzt und im Mai 1995 die *Commission Européenne de Canyon* gegründet. Sie stützt sich auf langjährige französische Erfahrungen und bietet eine deutschsprachige Ausbildung zum "Canyoning-Führer" an. Kurs 1 (DM 1.200 für 7 Tage inkl. Ü, VP) berechtigt zum Führen als zweiter Mann. Erst mit 15 Tage Praktikum und erfolgreicher Abschlußprüfung von Kurs 2 (DM 1.400 für 7 Tage inkl. Ü, VP) darf man Canyontouren führen. Infos gibt's bei:

- Team Aktiv, Stefan Hoffmann, Cornelienstraße 46, 63739 Aschaffenburg, ☎ 06021/219631, FAX 219636.

Bei der *Commission Canyon* kann man auch eine vom französischen Ministerium für Jugend und Sport erlassene berufliche Qualifikation machen. Voraussetzungen sind ein staatliches Diplom als Bergführer oder als Sportlehrer mit Befähigung in Speläologie, Klettern oder Kanu und Kajak sowie eine 4jährige Berufspraxis.

- Commission Canyon, Guy Quer, 130 Rue St. Maur, 75011 Paris, ☎ 0033/1/43575654, FAX 1/49230095.

In der Zeitschrift "Land der Berge" sagt uns der österreichische Bergführerverband, wo es langgeht: "Die Bergführer Österreichs sind derzeit die einzigen professionellen Anbieter und Veranstalter von Schluchtwandern." Begründung: "Um einen wirklichen Fachmann heranzubilden, sind alpinistische Kenntnisse eindeutig wichtiger als hydrologische."
So können Berg- und Skiführer eine Zusatzausbildung machen, in der drei Schluchten begangen werden und das Wildwasserschwimmen auf einem Fluß geübt werden wird. Doch dies als die "einzig professionelle" Methode zu betrachten, zeugt nicht gerade von Fachwissen und Erfahrung.

- Verband der österrreichischen Berg- und Schiführer, Peter Ponholzer, ☎ 0043/4876/386, FAX 470.

Im deutschsprachigen Raum ist Outdoor Travel der Anbieter mit der längsten kommerziellen Erfahrung vor allem aus dem spanischen Gebiet der Sierra de Guara und Südeuropa. Um die Ausbildung zum Guide auf eine nationale, rechtlich einwandfreie Basis zu stellen, initiierte er einen eigenen Verein, den "Deutschen Trekking- und Canyonführerverband", der ab 1996 Fortbildungen anbietet.

🎬 Outdoor Travel, Norbert Henninger, Hauptstraße 76,
67089 Bad Dürkheim, ☏ 06322/66471.

...der gordische ist nicht dabei!

OutdoorHandbuch (Band 3)
ISBN 3-89392-103-6 / DM 12,80

# Der unbekannte Canyon - Planung und Durchführung

Wer hat als Kind nicht davon geträumt, es den großen Entdeckern Christoph Kolumbus, Pissaro oder Marco Polo gleichzutun: losziehen in den unbekannten Teil der Erde und ein ganz persönliches Paradies entdecken.

Seit Kolumbus ist die Welt klein geworden, weiße Flecken auf der Landkarte gibt es nicht mehr. An ihrer Stelle sind Flugplätze eingezeichnet für Touristen, die jedes Jahr 10 Milliarden Fotos von den letzten "unbekannten" Steinen machen. Selbst den Mount Everest kann man als Pauschalangebot beim DAV-Summitclub buchen.

Doch das Kind in uns lebt. In der Tat sind Landkarten nicht allzu genau, und selbst mitten in den dichtbesiedelten Alpen gibt es kleine, verborgene Welten, die noch nie ein Mensch je betrat: **der unbekannte Canyon**.

Grundsätzlich ist es etwas vollkommen anderes, ob man einen bereits eingerichteten Canyon geht oder ob man sich in eine bis dato unerforschte Schlucht begibt. Bei der Nachfolgetour hat man bereits Infos über die zu erwartenden Schwierigkeiten und kann gezielt nur die notwendige Ausrüstung mitnehmen.

Dagegen hat eine Erstbegehung durchweg expeditionellen Charakter. Für Planung und Durchführung benötigt man jahrelange Erfahrung - ganz abgesehen von der umfangreichen Ausrüstung. Im unbekannten Canyon muß man mit allen Unwägbarkeiten rechnen, denn sehr enge Klammen sind auch aus der Luft nicht zu erkunden.

Erst vor Ort lassen sich die Fragen beantworten: Werden wir den nächsten Wasserfall begehen können? Lassen sich die Seile problemlos abziehen? Reicht die Akkuladung der Bohrmaschine? Ein einziges Nein auf diese Fragen kann die Katastrophe bedeuten.

Es kann sein, daß man für nur hundert Meter einen ganzen Tag mit Bohren verbringt, es kann sein, daß man 3 km in einer Stunde schafft und der Bach außer Abwasser und Müll nichts zu bieten hat, und es kann sein, daß man überhaupt nicht mehr weiterkommt. Denn wie in allen Klettercanyons gilt: Ist erst einmal das Seil vom ersten höheren Wasserfall abgezogen, gibt es kein Zurück.

## Planung

Der **erste Schritt** zur neuen Klamm führt in die nächste **Buchhandlung**. Dort sollte man einen Nachmittag verbringen, um interessante Canyoninggebiete ausfindig zu machen. Nach Hause trägt man dann zwei bis drei topographische Meßtischblätter im Maßstab 1:25.000.

Bei der Erstbegehung können kleinste Informationen lebenswichtig sein, die sich nur aus den Karten mit der höchsten Auflösung ziehen lassen. Dort, wo mehrere Höhenlinien fast ohne Zwischenraum parallel zum Fluß verlaufen, können wir eine Schlucht oder Klamm erwarten. Felsige Steilwände werden üblicherweise markiert, manchmal ist der Klammspalt jedoch so schmal, daß er auf der Karte nicht eingezeichnet ist. Mit der Zeit entwickelt man ein Gespür dafür, welchen Karten man wieweit trauen kann.

Manchmal entdeckt man eine neue Klamm, wenn man durch einen Canyon läuft und dabei aufmerksam die Seitencanyons beobachtet. Falls möglich, lohnt sich das schnelle Hochlaufen, denn bei einer Erkundung von oben aus gelangt man normalerweise erst zuletzt an den Mündungsbereich. Oft befinden sich aber gerade hier die kritischen Stellen.

Der **zweite Schritt** erfolgt mit **Lineal und Karte**. Zwischen vermessenen Punkten mit Höhenangaben im Bachbett kann man das Gefälle ausrechnen. Sind in dem interessanten Bereich keine Vermessungspunkte eingezeichnet, läßt sich das Gefälle auch anhand der Höhenlinien errechnen. Normalerweise beträgt die Äquidistanz zwischen zwei aufeinanderfolgenden Linien 20 m. An Stellen, wo mehrere Linien auf kurzer Strecke den Bach queren, nimmt das Gefälle zu. Liegen zwei Linien z.B. 100 m +/- 20 m horizontal auseinander, entspricht das einem Gefälle von 20 m/100 m = 0,20, also ca. 20%. Steilabbrüche kann man auch dort erwarten, wo der Flußverlauf einen Knick macht, wenn ein Felssturz den Fluß zugerammelt hat oder wenn ein kleiner Zufluß Geschiebe in den Hauptfluß drückt.

Große Flüsse spülen die Wasserbecken hinter Gefällsstufen weit aus. Schon bei einem relativ geringen Durchschnittsgefälle ab 3% muß man mit hohen Stufen rechnen. Dagegen kann ein kleiner Fluß sein hohes Durchschnittsgefälle (oft über 20%) auch in Geröll- und Kiesbankstrecken abbauen, ohne einen einzigen Wasserfall.

Man vergleicht die Größe des Einzugsgebietes mit dem von benachbarten bekannten Flüssen. Um durchschnittliche Niederschlagsmengen und damit die Größe des Flußbettes im Verhältnis zum Einzugsgebiet abzuschätzen, muß man die Exposition des Tales und die Höhen der umgebenden Berge im Verhältnis zur Hauptwindrichtung beachten. Bei Schneeschmelze sind nur wenige hundert Höhenmeter von entscheidender Bedeutung.

Doch selbst Wassermenge und Gefälle zusammen bieten nur einen Anhaltspunkt. Ein extrem gefällstarker Fluß mit etlichen sehr hohen Wasserfällen kann bei der Erstbegehung ein Kinderspiel sein, wenn sich problemlos Haken bohren lassen und keine Schwierigkeiten beim Abziehen des Seiles auftreten. Umgekehrt kann ein gemächlicher Laufcanyon in einem engen Spalt verschwinden, der trotz geringem Gefälle nicht zu begehen ist.

Der **dritte Schritt** führt uns in das **Gelände vor Ort**. An Brücken schaut man nach, ob vielleicht Hinweisschilder auf einen plötzlichen kraftwerksbedingten Wasserschwall aufgestellt sind. Jeder Wanderweg, der zum Fluß hinabführt, sollte abgelaufen, jede Brücke, die den Fluß kreuzt, besichtigt werden. Soweit wie möglich probieren wir alle Zu- und Ausgänge und prüfen, ob wir durch Seitentäler oder Schotterrinnen bis in das Flußbett gelangen. Dort können wir das Gebiet - vorerst ohne Seil - stromauf- und stromabwärts bis zur ersten Schlüsselstelle erkunden und folgende Fragen klären:

- Wie ist der Charakter des Flusses?
- Ändert sich der Wasserdurchlauf zwischen Ein- und Ausstieg? Wenn ja: ab wo?
- Aus welchem Gestein bestehen die Klammwände, welche Haken eignen sich?
- Wie ist das Gestein im Flußbett: Geröll oder amorphes G.?
- Wie groß sind Gefälle und Schluchtbreite in den unerkundeten Abschnitten?

Ideal sind parallel zum Fluß am Klammrand verlaufende Wanderwege, von denen man sich abseilt, bis man die kritischen Stellen einsehen kann. Trotz sorgfältiger Erkundung bleibt ein Restrisiko, solange man die Schlucht nicht vollständig durchlaufen hat. Doch es ist wichtig, noch vor der Erstbegehung die unbekannten Flußstrecken auf einige wenige Schlüsselpassagen zu reduzieren.

Denn fast jedesmal hält der neuentdeckte Canyon weitere Überraschungen bereit.

Die wichtigste Grundregel bei Erstbegehungen ist: An jeder Stelle und zu jeder Zeit müssen wir in der Lage sein, entweder zurück oder seitlich hinausklettern zu können. Solange keine Ausstiegsmöglichkeit erreicht ist, dürfen die Seile nicht abgezogen werden - sonst sitzen wir unter Umständen in der Falle!

## Zusatzausrüstung für Erstbegehungen

Abweichend von der normalen Canyoningausrüstung benötigt man einen ausgezeichneten **Neoprenanzug**. Nur der beste ist gerade gut genug. Während der Erkundung oder beim Bohren müssen wir häufig längere Zeit im Wasser stehen - es wird empfindlich kalt. 12 Std. sind für eine Ersterkundung keine Seltenheit. Außerdem kann es vorkommen, daß im Canyon übernachtet werden muß. Üblicherweise trägt man einen 6-mm-Semi-Trocki oder einen Voll-Trockenanzug. Das Gehirn ist das am stärksten durchblutete Organ unseres Körpers, 40% aller Wärme verlieren wir über den Kopf. Eine **Neoprenhaube** ist daher unbedingtes Muß.

Im kalten Wasser sind die Reserven schnell aufgebraucht. Eine **Notreserve** an kohlehydrathaltigen Lebensmitteln muß immer dabei sein, dazu in heißen Ländern als Getränk Isostar (falls der Bach Gewässergüte 1 hat, reicht das Pulver).

Es kann sein, daß Höhlen durchquert werden müssen. Auch für den Fall eines Notbiwaks und zum Anblinken einer Landmannschaft eignet sich eine **Stirnlampe**.

Bewärt hat sich eine Landmannschaft, die mit der Gruppe im Canyon über **Funkgeräte** in Verbindung steht. Im Notfall kann sie Hilfe holen oder selbst ein Seil in die Klamm hinablassen. Offiziell darf zwar kein Funkgerät ohne entsprechende Lizenz betrieben werden, zur Rettungskoordination wird es aber in vielen europäischen Staaten geduldet. Lebensmittel, Fotoapparat, Funkgerät, Bohrer und Haken werden in **wasserdichte Koffer** verpackt, die **Reservekleidung** kommt in einen Packsack.

Je nach den zu erwartenden Höhenunterschieden benötigt man mehrere zwischen 50 und 100 m lange vollimprägnierte **Speläoseile** (statisch), die an den Wasserfällen hängengelassen werden, um den Rückstieg zu ermöglichen. Wenn der Durchstieg auf Anhieb klappt, kann man in einem zweiten Durchgang die Seile wieder mitnehmen. Für hohe Abseilstellen benötigt man 100 m **Reepschnur** (4 mm) zur Verdoppelung der potentiellen Abseillänge. Mindestens ein **Wurfsack** zur schnellen Wildwasserrettung ist notwendig, weiterhin ein dynamisches 50-m-**Kletterseil** zum Notausstieg, mehrere 1 bis 10 m lange **Reepschnüre** (4 mm) und **Bandschlingen** zum Einrichten von Standplätzen, außerdem je eine **Hand-** und **Bruststeigklemme**, mit denen man am statischen, gestrafften Seil aufsteigen kann. Sie eignen sich auch zur horizontalen Fortbewegung am Seil (Querungen).

## 🖉 Ausrüstungsliste für Erstbegehungen (Zusatzausrüstung)

| | Preis ca. | Modell/Hersteller/Bezug |
|---|---|---|
| Neoprenhaube | DM 90 | Tauchsportgeschäft |
| Neopren Semi-Trocki, 6 mm | DM 600 | Tauchsportgeschäft |
| Notreserve | | Lebensmittelgeschäft |
| Stirnlampe | DM 100 | Petzl Duo E60 |
| 2 Funkgeräte | je DM 800 | Jaesu |
| Packsäcke | DM 50-200 | HF, vauDe |
| mehrere 50-100 m Seile, statisch | DM 4/m | Petzl, vauDe |
| 50-m-Seil, dynamisch | DM 4/m | Petzl, vauDe |
| Bandschlingen und Reepschnüre | DM 1-2/m | Petzl, vauDe |
| 1 Satz Klemmkeile | ca. DM 100 | vauDe, Petzl |
| Speläo-, Hand- und Bruststeigklemme | je DM 80-100 | vauDe |
| verschiedene Schlaghaken | je DM 10-20 | vauDe |
| Dübelsetzer | DM 90 | vauDe |
| 20 Schlagbohrdübel mit Schraube und Plättchen (Hakenlasche) | je DM 10 | vauDe |
| 20 Schraubspreizdübel (Anker) mit Plättchen | je DM 20-30 | vauDe |
| Schraubenschlüssel, evtl. Einschlagegerät notwendig | DM 20 | |
| 20 Schlagspreizdübel | je DM 20 | Mammut, Petzl |
| 20 Klebehaken mit Patrone | je DM 15-30 | vauDe |
| Akkubohrmaschine | DM 1.400 | Hilti |
| Ersatzakku | DM 400 | Hilti |
| Ersatzbohrer | DM 40-90 | Hilti, vauDe |
| mindestens 1 großes Pelicase | DM 250 | Prijon |

**Herstelleradressen** und **Bezugsquellen** ☞ Ausrüstung.

## Sicherungsmittel

Nicht in jedem Fall ist das Anbringen eines Bohrhakens sinnvoll. Für eine schnelle Selbstsicherung, um z.B. einen Bohrhaken erst setzen zu können oder auch um Zeit und Strom zu sparen, schlägt man **Felshaken**.

In Kalkcanyons benutzt man vor allem Querhaken aus Weichstahl, im Granit Profilhaken aus Hartstahl. Für größere Risse benötigt man Profilhaken.

Ein Weichstahlhaken hält zwar nur ein Drittel soviel wie der harte Kollege, dafür paßt er sich besser den Unregelmäßigkeiten im Felsspalt an.

**Motto**: Trau lieber einem gut gesetzten Weichen als einem schlecht gesetzten Harten.

Klemmkeile oder Friends verwendet man in Spalten zur vorübergehenden Sicherung, z.B. beim Zustieg zu einem Bohrhaken, man entfernt sie anschließend wieder.

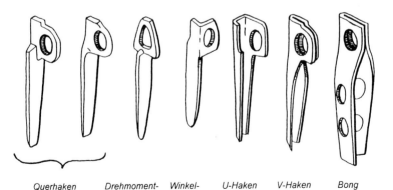

*Querhaken   Drehmomenthaken   Winkelhaken   U-Haken   V-Haken   Bong*

*für schmale Risse*        *für breite Risse*

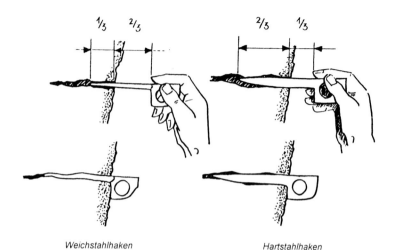

*Weichstahlhaken*          *Hartstahlhaken*

*Einstechtiefe von Hand*

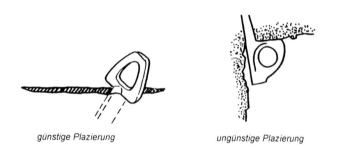

*günstige Plazierung*          *ungünstige Plazierung*

*Haken, Einstecktiefe. Der Haken sitzt dann sicher, wenn er sich gleichmäßig nicht zu einfach eintreiben läßt. Kann man ihn nicht vollständig einschlagen, muß man ihn abbinden, um den Hebel möglichst klein zu halten.*

Im glattgeschliffenen Fels der Canyons findet man für Schlaghaken passende Spalten nur an den stömungsabgewandten Seiten, oberhalb der Hochwasserlinie oder zwischen den groben Felsklötzen im Flußgrund. Man kann sich die Stellen nicht aussuchen, und oft liegen sie so, daß ein späteres Abziehen des Seiles schwierig wird. Um Abseilstellen an den optimalen Plätzen anbringen zu können, benötigt man Bohrhaken.

Mit Schlaghaken an Bäumen, großen Steinen oder mit Kameradensicherung wird der Zustieg zum Abseilpunkt abgesichert. Erst jetzt wählt man den endgültigen Platz für den Bohrhaken: eine kompakte Felsfläche von mindestens 40 x 40 cm Größe, mögliche Hohlräume oder Spalten können mit leichtem Klopfen des Hammers geortet werden.

Das Loch muß senkrecht zur Felsfläche gebohrt werden. Den Gesteinsstaub entfernen wir mit einem Pfeifenputzer oder Blaseball. Alle Werkzeuge müssen mit Reepschnüren gesichert werden; die Bohrmaschine mit Ersatzakku und Ersatzbohrer läßt sich in einem Koffer (Pelicase) wasserdicht verpacken.

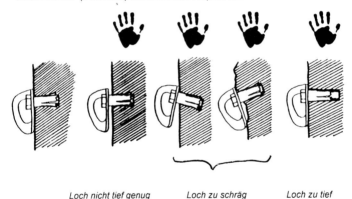

Loch nicht tief genug     Loch zu schräg     Loch zu tief

*Auswahl der richtigen Stelle für den Bohrhaken*

Ein Handbohrer mit Hammer und Setzer ist relativ billig. Im harten Gestein dauert das Schlagen eines einzigen Loches aber bis zu 2 Stunden.
Eine gute Akkubohrmaschine erleichtert das Bohren ganz wesentlich. Je härter das Gestein, desto höhere Anforderungen werden an Maschine und Akku gestellt - im Granit benötigt man unbedingt einen Hilti-Bohrhammer.

*Setzen eines Schlagbohrdübels von Hand*

Alle Elemente des Bohrhakens müssen aus der gleichen nichtrostenden Metallsorte bestehen, allein die Bezeichnung Edelstahl reicht nicht. Sonst bildet sich in der Feuchtigkeit ein schwacher galvanischer Strom, der die Korrosion extrem beschleunigt. Üblich sind:

❶ Lose Kombination aus **Spreizdübel** (Schlagbohrdübel) mit 12 mm Außendurchmesser und Bohrkrone, **Schraube** mit 8 mm Gewinde und **Plättchen** (Lasche) zur Befestigung von Karabiner oder Abseilschlinge. Damit der Dübel mit dem Setzer eingeschlagen werden kann, muß die Lochtiefe exakt passen. Deshalb sollte hier ein Handbohrgerät verwendet werden.

❷ **Stift-Spreizdübel** oder Schraub-Spreizdübel (Felsanker) gibt's zusammen mit Plättchen als festes Set aus einem Material, meist V2A-Stahl. Bei manchen Typen muß das Loch etwas tiefer sein als der Dübel, daher Herstellerangaben beachten. Außer der Akkubohrmaschine benötigt man nur einen Hammer oder Schraubenschlüssel. Ist der Stift fest mit dem Haken verbunden, hilft ein kleines Rohrstück, damit man den Dübel in das Loch klopfen kann. Zur Ersteinrichtung eines Canyons sehr zu empfehlen.

❸ **Klebehaken** sind die einzigen Sicherungsmittel, die auch über mehrere Jahre ausreichende Festigkeit garantieren. Das Loch ist regelrecht versiegelt, der Haken übt keinen punktuellen Druck aus und fördert somit nicht die Verwitterung des Gesteins. Die Funktion des Dübels übernimmt ein Kunststoffkleber, Schraube und Plättchen bilden ein integriertes Hakenelement. Leider bindet der Kleber im schattigen Canyon erst nach ca. 2 Std. ab und sollte frühestens am nächsten Tag belastet werden. Somit eignen sich Klebehaken nur zur nachträglichen zusätzlichen Absicherung einer bereits begangenen Strecke.

Auf gar keinen Fall darf versucht werden, bei einem Spreizdübel mit Silikon die fehlende Wasserabdichtung herbeizuführen. Silikon enthält Säure, die unmittelbar den Stahl angreift.

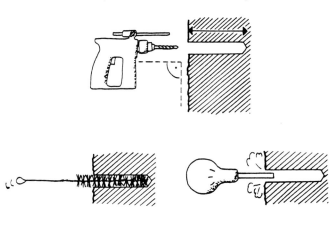

*Bohren eines Lochs mit der Akkubohrmaschine. Für die exakte Tiefe (wichtig bei Schlagbohrdübeln) evtl. von Hand mit Setzer nachklopfen.*

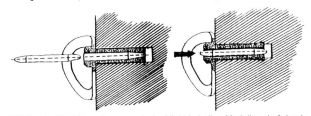

*Stift-Spreizdübel, Verankerungsprinzip. Nicht bei allen Modellen darf das Loch so tief ausgebohrt werden, Herstellerangaben beachten.*

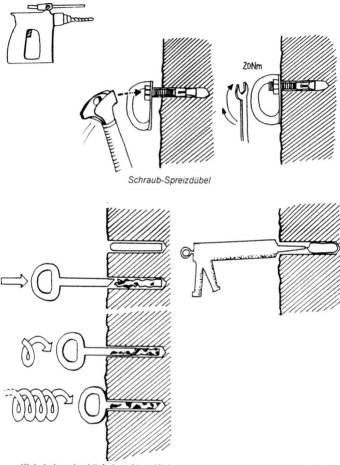

*Klebehaken. Lochtiefe beachten. Klebepatrone brechen oder Loch halbvoll mit Pistole auffüllen. Hacken muß so weit eingesteckt werden, bis Kleber an der Oberfläche erscheint, mindestens 10mal drehen zum Vermischen des Klebers. Aushärtezeit beachten!*

## Treibanker und Seilwurf

Wie begeht man einen langen, flachen Schlitz mit anschließendem kräftigen Rücklauf? Schon mehrmals half uns in dieser Situation ein Trick: Der Seilschleifsack wird mit Wasser gefüllt, angeseilt und in die Strömung geschickt. Nach kurzer Zeit schleudern ihn die Wirbel aus dem Rücklaufbereich ins abfließende Wasser. Nun wartet man, bis sich das Seil strafft, nimmt es in die Hand und rutscht daran in den Rücklauf. Der wassergefüllte Sack dient jetzt als Treibanker, an dem man sich aus dem wirbelnden Wasser herausziehen kann.

Ähnliche Varianten gibt es mit einem angeseilten Hammer oder Wurfsack, die man an eine Stelle wirft in der Hoffnung, daß sie sich verhängen. An dem so gespannten Seil kann man sich fortbewegen - allerdings mit zweifelhafter Sicherheit.

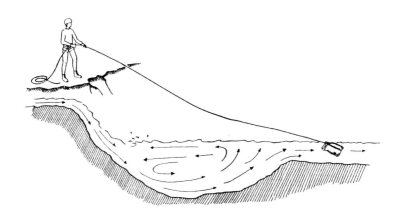

*Selbstsicherung bei einem Rücklauf: der Treibanker muß ins abfließende Wasser gelangen.*

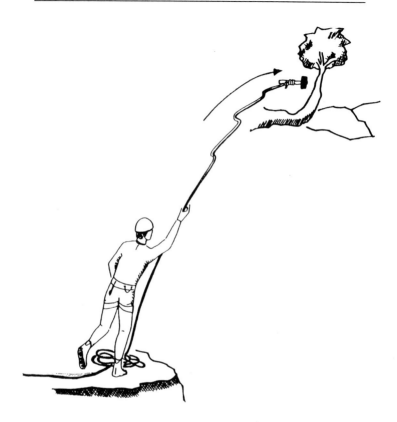

*Seilwurf mit Hammer*

## Querung

Wasserfälle, die in einen Schlitz stürzen, zuviel Wasser führen oder mehrfach die Fallrichtung ändern, können nicht direkt abgeseilt werden. Um einen günstiger gelegenen Punkt zum Abseilen zu erreichen, wird es notwendig, eine Querung einzurichten.

Wenn der gesicherte Vorstieg nicht möglich ist und man nicht genügend Zeit- und Materialressourcen hat, um jeden Meter einen Haken zu setzen, bleibt nur die Möglichkeit einer Schaukel. Dazu bringt man möglichst weit oben einen Schwingungspunkt an und pendelt in die Wand hinaus. Dort wird dann der nächste Sicherungspunkt gesetzt. Abenteuerlich und spektakulär - leider aber nur selten anwendbar und mit erheblichen Risiken verbunden.

Kalkulierbar wird diese Methode, wenn bereits ein waagerechtes Seil mittels Hammerwurf gespannt wurde, an dem man sich vorwärts ziehen kann, während die Sicherung über das Pendel erfolgt.

*Querung*

## Aufstieg am Seil

Plötzlich kann es unmöglich sein, im Canyon weiter flußab zu kommen - sei es, daß das Seil nicht reicht, die Akkus für den Bohrhammer leer sind oder unsere Ausrüstung irgendeinen technischen Defekt bekommt.

Auch der Canyon selbst kann unüberwindbar werden: eine zu weite Querung, ein Wasserfall, der in einen Kessel stürzt, aus dem man nicht mehr herauskommt, oder ein Siphon, den man nicht durchtauchen oder umgehen kann. Ein Freund stieg in den Artuby-Canyon/Südfrankreich bei absolutem Niederwasser und bemerkte erst mitten in der Schlucht, daß die Wasserbecken der Sprungstellen so leer waren, daß er abseilen mußte. Der Wasserstand war so niedrig, daß er auch nach vorne nicht mehr aus den glitschigen feuchten Felsbecken herauskam.

In allen oben genannten Fällen muß die Tour abgebrochen werden. Ist kein Notausstieg möglich, bleibt nur der Aufstieg am Seil, d.h. die Wasserfälle zurück. Theoretisch reichen Prusikknoten und Karabinerklemmknoten, im Wasser wird das Handling aber so erschwert, daß man unbedingt zwei Steigklemmen verwenden sollte.

☞ Zeichnung.

## Haftung für Sicherungseinbauten

Als Anhaltspunkt zur bislang vollkommen offenen Haftungsfrage kann die Rechtsprechung bei Kletterrouten und Klettersteigen gelten. Demnach handelt fahrlässig, wer die Sorgfalt außer acht läßt, zu der er den Umständen entsprechend verpflichtet oder befähigt ist und die ihm zugemutet werden kann. Ein Kletterer muß jedes Sicherungsmittel auf seine Tauglichkeit prüfen, bevor er es einsetzt.

Unter **Verkehrssicherungspflicht** versteht man, daß derjenige, der die Sicherungsmittel installiert, auch für deren Tadellosigkeit verantwortlich ist - sowohl im Neuzustand als auch im Langzeitverhalten.

Kommt es zum Ausbrechen der Standplätze, so werden private, nichtkommerziell handelnde Wegerbauer oder Wegerhalter nicht belangt. Bei Institutionen wie Alpenvereinen oder Bergführerverbänden ist die Haftung fraglich, selbst wenn sie sich uneigennützig um die "Sicherheit am Berg" bemühen. Auf jeden Fall verkehrssicherungspflichtig ist derjenige, der Haken mit kommerziellem Hintergrund systematisch setzt.

☞ Literatur, "Mehr Sicherheit im Bergsport".

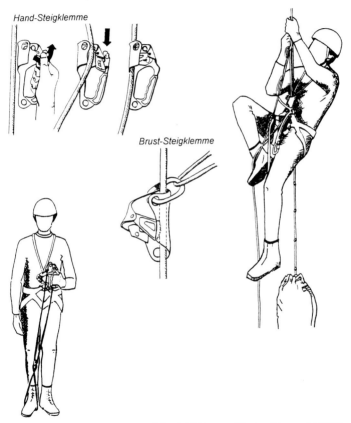

*Aufstieg am Seil mit Brust- und Handsteigklemme. Die Brustklemme ist direkt am Sitzgurt befestigt, die Reepschnur zum Hals hat keine Haltefunktion. Mit der Fußschlaufe drückt man sich hoch und schiebt die Brustklemme hinauf, dann wird die Fußschlaufe entlastet und mit der Handklemme hinaufgeschoben usw.*

# Literatur

Im Verlag Édisud/Gimat-Pontroué gibt es eine ganze Reihe französischsprachiger Canyoningführer über Frankreich und Spanien. Wem die unten aufgeführten Bücher nicht ausreichen, dem hilft ein Ausflug in die Sportabteilung des nächsten Buchladens oder in die Buchabteilung des nächsten Sportladens.

Infos über (fast) alle paddelbaren Flüsse gibt's in den Flußführern des Deutschen Kanu-Verbandes, erhältlich im Buchhandel und im Kanufachgeschäft.

## Spezielle Canyoning-Literatur

**Gert Spilker**: *Wildwasserführer Piemont*, Pietsch Verlag, Stuttgart 1991, ISBN 3-613-50147-3. Hinweise zu begehbaren Canyons im Schwierigkeitsgrad C1 bis C3 unter *Überblick, Schluchtenklettern.*

**Gert Spilker**: *Sonne, Seen, wilde Wasser - Kanufahren und Canyoning im Tessin*, Pollner Verlag, Rotdornstraße 7, 85764 Oberschleißheim. Erscheint im Sommer 1996. Hinweise zu lohnenden Tessiner Granitcanyons.

**Alfons Zaunhuber**: *Canyons in Europa*, Verlag J. Berg, München 1994, ISBN 3-7634-1107-0. Beschreibung zahlreicher lohnender Canyons mit Tourenvorschlag und etwas karg gehaltener Skizze.

**Alfons Zaunhuber**: *Canyoning*, Pollner Verlag, Rotdornstraße 7, 85764 Oberschleißheim 1996, ISBN 3-7634-1107-0. Technik und Tourenvorschläge mit Farbfotos in bekannt guter Zaunhuber-Qualität.

**Guy Quer**: *Manuel Technique de Descente de Canyon*, Commission Canyon Fédération Française de Spéléologie 1995. Sehr ausführliches Technikbuch, für Nicht-Franzosen etwas erschwerter Zugang wegen unübersichtlicher Gliederung. Erhältlich bei Editions Pérouge, ☎ 0033/1/39758945, FAX 0033/1/39754359.

**J.-P. Lucot, R. Quintilla**: *Gorges et Canyons, Descente Sportive*, Édisud, Aix-en-Provence 1988, ISBN 2-85744-338-2. Technikliteratur Canyoning in Französisch.

**Corrado Conca**: *Guida al Torrentismo in Sardegna*, Edizioni Soluzione Grafiche, Dezember 1993. Beschreibung von 17 Touren auf der Mittelmeerinsel in Italienisch.

## Kletterbücher

**Pit Schubert**: *Alpine Seiltechnik für Anfänger und Fortgeschrittene*, Bergverlag Rother, 1994, ISBN 3-7633-6076-X, DM 9,80. Kleines und feines Büchlein zur Gedächtnisstütze.

**Bayerisches Staatsministerium und DAV**: *Mehr Sicherheit beim Bergsport, Teil 10*, eine Langzeitstudie an Kletterhaken, erhältlich beim Deutschen Alpenverein, Von-Kahr-Straße 2-4, 80997 München, oder beim BSM für Arbeit und Sozialordnung, Abteilung 2, Winzerstraße 9, 80797 München.

## Kanubücher
**Holger Machatschek**: *Richtig Wildwasserfahren*, BLV-Verlag, 1993, ISBN 3-405-14494-9. Kajaklehrbuch mit hübschen Bildern.
**Alpiner Kajak-Club**: *Kanu Gefahren*, Pollner Verlag, Oberschleißheim. Ausführliche Beschreibung von Berge- und Rettungsmanövern im Wildwasser.

## Sonstige
**Peter Albisser**: *Kleine Wetterkunde für Bergsteiger*, Verlag des SAC, 1992, ISBN 3-85902-125-7.
**H. Lois, K. Fischer**: *Allgemeine Geomorphologie*, Walter de Gruyter & Co, 1979, ISBN 3-11-007103-7. Standardlehrbuch der Geomorphologie.
**A. L. Bloom**: *Die Oberfläche der Erde*, Ferdinand Enke Verlag, Stuttgart 1989, ISBN 3-432-88372-2. Kurzüberblick über Geomorphologie.
**H. W. Ludwig**: *Tiere unserer Gewässer*, BLV Verlagsgesellschaft mbH, München 1989, ISBN 3-405-13379-3. Mit allgemeiner Einführung und Schlüssel zur Bestimmung der Tierarten.
**Engelmann, Fritzsch, Günther, Obst**: *Lurche und Kriechtiere Europas*, Ferdinand Enke Verlag, Stuttgart 1986, ISBN 3-432-95041-1. Systematischer Überblick.
**Rob Hume**: *Vögel entdecken und bestimmen*, C. Bertelsmann Verlag GmbH, München 1992, ISBN 3-570-12016-3. Vögelbestimmung nach Habitaten (Lebensräume).
**K. Richarz, A. Limbrunner**: *Fledermäuse*, Franckh-Kosmos Verlag GmbH & Co., 1992, ISBN 3-440-05916-2. Wunderschöner Bildband mit fundierten Informationen.
**Lüllwitz, Popp, Winkler, Zucchi**: *Rettet die Bäche*, Natur & Umwelt Verlag GmbH, 1988, ISBN 3-924749-11-6. Sehr guter Überblick in jeder Hinsicht.

# Glossar

**Abseilachter**
Doppelte Aluminiumöse in Form einer Acht, die zum Abseilen dient.

**Achterknoten**
Auch Achter-Buchtknoten oder Heuknoten genannt, ist ein Sachstich mit einer zusätzlichen Drehung. Hat die Form einer Acht, Universalknoten zum Knüpfen einer festen Schlaufe am Seilende, kann auch in Seilmitte verwendet werden.

**Bandschlinge**
Schlinge, aus bandförmigem Seil geknüpft.

**Bergseil**
Zum Klettern geeignetes Kunststoffseil mit ca. 9 bis 12 mm Durchmesser und mindestens 45 m Länge.

**Canyon**
Enger Felsspalt, von einem Fluß geschaffen.

**Fischerknoten**
Fischerstek, doppelt gelegter Spierenstich.

**Geschiebe**
Lockeres Gesteinsmaterial, das vom Fluß bei Hochwasser transportiert wird.

**Gurt**
Klettergurt, den man über die Kleidung anlegt und an dem man zum Abseilen das Seil befestigen kann.

**Handling**
Handhabung, Handhabbarkeit.

**Kameradensicherung**
Sicherungsmöglichkeit, bei der sich zwei Bergsteiger gegenseitig mit Seil sichern. Man sichert einen Kameraden oder wird von ihm gesichert.

**Karabiner**
Fester Ring aus Aluminium mit Öffnungsmöglichkeit (Schnapper).

**Klamm**
Wie Canyon, Flußufer sehr steil, senkrecht oder überhängend, nicht zu begehen.

**Klemmknoten**
Eine Klasse von Knoten (Prusik, Machard o.ä.), die sich durch Zug am Seil festklemmen, unter Entlastung aber leicht geöffnet oder verschoben werden können.

**Kolk**
Felsenhöhle hinter oder unter einem Wasserfall, vom stürzenden Wasser geformt.

**Konglomerat**
Sedimentgestein, aufgebaut aus Flußkieseln (rund) oder Gletschergeröll (eckig, Moränenmaterial, exakter, aber unüblicher Name: Brekzie). Während der Eiszeit wurden die Gerölle von einer dicken Eismasse bedeckt, unter hohem Druck zusammengepreßt und verkitteten mit kalkigem oder tonigem Bindemittel.

**Machard**
Als Karabiner-Klemmknoten oder gewickelter Seil-Klemmknoten ähnlich dem Prusikknoten, mühsamer zu knüpfen, haftet auch mit dicker Reepschnur.

## GLOSSAR

**Mastwurf**
Mastwurfknoten, Weberleinenstek. Einfacher Knoten zum befestigen eines Karabiners im Seil oder zum Befestigen eines Seiles an einem Pfahl oder Baum. bei Entlastung sehr leicht lösbar und verschiebbar.

**Nagelfluh**
☞ Konglomerat.

**Neunerknoten**
Achterknoten mit einer zusäzlichen Drehung bzw. Sackstich mit zwei zusätzlichen Drehungen. Einfacher zu lösen als Achterknoten.

**Prallhang**
Vom Wasser angeströmter Berghang.

**Prallwand**
Vom Wasser angeströmte Felswand.

**Prallpolster**
Aufquellender Wasserpilz vor einer Prallwand.

**Prusikknoten**
oder Ringstropp ist ein Klemmknoten.

**Querung**
In der steilen Felswand: horizontale Fortbewegung im Fluß: Überwechseln auf das andere Flußufer.

**Reepschnur**
Ähnlich wie Bergseil, jeoch nur ca. 5 bis 6 mm Durchmesser, statisch.

**Rotpunkt-Klettern**
Art zu Klettern, bei der mechanische Hilfsmittel (Seil, Haken) nur zur Sicherung, aber nicht zur Fortbewegung verwendet werden.

**Sackstich**
Einfacher Knoten zur Verbindung zweier Seile und zur Herstellung von Knotenschlingen, nach Belastung schwer zu öffnen.

**Schleifknoten**
Einfache Schleife zum Abbinden von Abseilachter oder Halbmastwurf, die Schlinge sollte mit Karabiner gesichert werden. Läßt sich auch bei Belastung lösen, wenn man am freien Ende zieht.

**Schlingenknoten**
oder Bandschlingenknoten ist der einzige für Bandschlingen geeignete Knoten, entspricht dem gesteckten Sackstich.

**Shunt**
Technisches Gerät als Zusatzsicherung beim Abseilen, das beim Loslassen das Seil fixiert. Zum Canyoning wenig geeignet.

**Siphon**
Unterwasserhöhle.

**Sitzknoten**
oder Bulinknoten zum Knüpfen einer Schlinge. Praktisch, kann aber leicht falsch gesteckt werden. Als Anseilknoten ist daher heute der Achterknoten üblich.

**Speläologie**
Höhlenkunde, Höhlenforschung.

**Spierenstich**
oder Englischer Knoten zum Knüpfen einer Seilschleife oder zum Verbinden zweier gleich starker Seile.

**Steigklemme**
Technisches Gerät zum Aufsteigen am Seil, das sich in eine Seilrichtung leicht verschieben läßt, sich bei umgekehrter Belastung aber festklemmt.

**Stop**
Abseilgerät mit dynamischer Bremswirkung, das beim Loslassen das Seil fixiert. Zum Canyoning wenig geeignet.

**Top-Rope**
"Seil von oben" - Sicherung beim Klettern.

**Treibanker**
Anker im Fluß, dessen Haltewirkung allein auf der dagegendrückenden Strömung beruht.

**Wurfsack**
Kleines Säckchen mit integriertem, etwa 20 m langem Seil zum schnellen Aufbau einer Seilverbindung.

# Index

| | |
|---|---|
| Ablagerungs- und Schwemmzonen | 13 |
| Abseilachter | 42 |
| Abseilen | 67 |
| Abseilen mit Kameradensicherung | 71 |
| Abtragungszone | 13 |
| Aktives Abseilen | 68, 70 |
| Alpines Kajakfahren | 9 |
| Anseilgurt | 37 |
| Ausbildung | 97 |
| | |
| Balkon | 15 |
| Bandschlingen | 36, 104 |
| Bayern | 94 |
| Bergseile | 36 |
| Bosnien | 94 |
| Brustgurt | 37 |
| | |
| Canyoninggebiete | 93 |
| Canyoningseile | 36 |
| | |
| Delta | 13 |
| Deutscher Canyoning Verein | 96 |
| Drypack | 43 |
| | |
| Erste Hilfe | 88 |
| | |
| Fangstoß | 78 |
| Felshaken | 105 |
| Flora | 15 |
| Flußbett | 13 |
| Frankreich | 9, 94 |
| Funkgerät | 103 |
| | |
| Ganzkörper-Tauchanzug | 33 |
| Gefahren | 82 |
| Gefälle | 13 |
| Gepäcktonnen | 43 |
| Gepäcktransport | 43 |
| Grand Canyon/Arizona | 94 |
| Granit | 15 |
| Griechenland | 94 |
| Gurtpolster | 37 |
| | |
| Hartschalenkoffer | 43 |
| Hawaii | 94 |
| Helm | 33 |
| Hydrospeed | 43 |
| | |
| Kalk | 15 |
| Kalkstein | 15 |
| Karabiner | 39 |
| Klamm | 12, 13 |
| Klammarten | 15 |
| Klebehaken | 108 |
| Klettercanyon | 59 |
| Kletterseil | 104 |
| Klettersteigtechnik | 75 |
| Knoten | 45 |
| Koffer | 103 |
| Kombigurt | 37 |
| Konglomerat | 15 |
| Korsika | 94 |
| Kreta | 94 |
| Kroatien | 94 |
| | |
| Laufcanyon | 52 |
| Leichtluftmatratze | 43 |
| | |
| Mallorca | 9, 94 |
| | |
| Nagelfluh | 15 |
| Neopren | 33 |
| Neoprenanzug | 103 |
| Neoprenhaube | 33, 103 |
| Neoprensocken | 33 |
| Nord- und Ostalpen | 9 |
| Notausstieg | 77 |

# Index

| | |
|---|---|
| Österreichische Alpen | 94 |
| | |
| Passives Abseilen | 69 |
| Pflanzen | 29 |
| Physische und psychische Gefahren | 86 |
| Planung | 101 |
| Polyamid-Kernmantelseile | 35 |
| Prallpolster | 56 |
| | |
| Querung | 77, 112 |
| | |
| Reepschnur | 36, 104 |
| Reservekleidung | 103 |
| Réunion | 94 |
| | |
| Saprobiensystem | 16 |
| Schlangenbiß | 86 |
| Schlucht | 12 |
| Schluchtenklettern | 7 |
| Schluchtler | 8 |
| Schuhe | 34 |
| Schweizer Alpen | 94 |
| Schwierigkeitsskala | 80 |
| Schwimmcanyon | 52 |
| Schwimmfähige Seile | 36 |
| Schwimmwesten | 43 |
| Seil | 35 |
| Seilwurf | 111 |
| Sicherungseinbauten | 114 |
| Siphon | 56 |
| Sitzgurt | 37 |
| Slowenien | 94 |
| Spanien | 93 |
| Spanische Pyrenäen | 9 |
| Speläoseile | 103 |
| Spreizdübel | 108 |
| Standplatz | 59 |
| Steigklemme | 104 |
| Stift-Spreizdübel | 108 |
| Stirnlampe | 103 |
| | |
| Technische Gefahren | 85 |
| Top-Rope-Seile | 36 |
| Treibanker | 111 |
| Türkei | 94 |
| | |
| Umweltproblematik | 30 |
| Unterspülung | 56 |
| | |
| Veranstalter | 95 |
| Verkehrssicherungspflicht | 114 |
| Verständigung | 92 |
| | |
| Wasserstand | 82 |
| Wasserwirbel | 13 |
| Wetter | 83 |
| Wurfsack | 34, 104 |
| | |
| Zentral- und Ostalpen | 94 |
| Zentral- und Ostsardinien | 94 |
| Zusatzausrüstung | 103 |
| Zypern | 94 |

# CANYONING

**W**andern, Schwimmen, Springen und Abseilen durch Schluchten oder Klammen – das ist Canyoning.
**E**in faszinierendes Natursport-Erlebnis, das allen Aktiv-Urlaubern einen Schuß Nervenkitzel verspricht.

**V**or 15 Jahren wurde Norbert Henninger auf einer Tour durch die spanischen Pyrenäen mit diesem Natursport konfrontiert. 5 Jahre dauerte es, bis er diesen faszinierenden Sport als erster Veranstalter Deutschlands anbieten konnte. 5 Jahre Vorarbeit, in denen er über 50 Canyons in Europa erkundete, sie teilweise neu ausnagelte oder Erstbegehungen durchführte.

**I**n den letzten 10 Jahren haben wir uns zu wahren Canyon-Spezialisten entwickelt.

**W**ir führen Sie in folgende Regionen: Spanien, Frankreich, Sardinien, Mallorca, Korsika und Italien.

*Kostenlose Kataloganforderung*

**OUTDOOR TRAVEL**
Hauptstraße 76 · 67098 Bad Dürkheim
Tel.: 0 63 22/6 64 71 · Fax: 0 63 22/12 25

# OUTDOOR HANDBÜCHER

### DER WEG IST DAS ZIEL
**Jakobsweg**

### DER WEG IST DAS ZIEL
**Yukon**

### DER WEG IST DAS ZIEL
**Sarek**
Padjelanta · Stora Sjöfallet

OUTDOOR HANDBUCH

### DER WEG IST DAS ZIEL
**Trans-Alatau**
Von Alma Ata zum Issyk-Kul

### DER WEG IST DAS ZIEL
**West Coast Trail**

### DER WEG IST DAS ZIEL
**Kungsleden**

OUTDOOR HANDBUCH

### DER WEG IST DAS ZIEL
**John Muir Trail**

### DER WEG IST DAS ZIEL
**West Highland Way**

### DER WEG IST DAS ZIEL
**Landmannalaugar**
· Laugavegur ·

OUTDOOR HANDBUCH

**Conrad Stein ⊕ Verlag**
Eichkoppelweg 51 · 24119 Kronshagen
☎ 0431/544090 · Fax 548774

# REISE-HANDBÜCHER

**Conrad Stein Verlag**
Eichkoppelweg 51 · 24119 Kronshagen
☎ 0431/544090 · Fax 548774

# Conrad Stein Verlag

Eichkoppelweg 51 • 24119 Kronshagen ☎ 0431/544090 FAX 548774

| | |
|---|---|
| Ägypten-Handbuch / Haag | DM *4,80 |
| Alaska / Richter | DM 29,80 |
| Argentinien-Handbuch / Junghans | DM 34,80 |
| Auf nach Down Under / Sackstedt (edition schwarzweiß) | DM 14,80 |
| Australien-Handbuch / Stein | DM 36,80 |
| Australiens Norden / Dupuis-Panther | DM 24,80 |
| Azoren-Handbuch / Jessel & von Bremen | DM *6,80 |
| Bangladesch / Steinke (edition schwarzweiß) | DM 29,80 |
| Brasilien-Handbuch / Junghans | DM 36,80 |
| Bulgarien / Müller | DM 24,80 |
| Chile-Handbuch / Junghans | DM 26,80 |
| Dänemarks Norden / Treß & Walter | DM 29,80 |
| Dänische Westküste / Treß | DM 24,80 |
| Elfenbeinküste / Steinleitner (edition schwarzweiß) | DM 16,80 |
| El Hierro / Faust-Lichtenberger (edition schwarzweiß) | DM *4,80 |
| El Salvador & Honduras / Steinke | DM 29,80 |
| Eritrea / Christmann | DM 24,80 |
| Fiji, Samoa & Tonga / Sach | DM 26,80 |
| Florida / Stein | DM 24,80 |
| Fuerteventura / Reifenberger | DM 26,80 |
| Gomera-Handbuch / Reifenberger - Cabildo Insular | DM 29,80 |
| Gotland / Bohn | DM 22,00 |
| Die Kirchen Gotlands / Lagerlöf & Svahnström | DM 24,80 |
| Gran Canaria-Handbuch / Reifenberger | DM 29,80 |
| Hawaii / Sach | DM 26,80 |
| Holland / Wetters | DM 29,80 |
| Indien per Bahn / Ellis | DM *6,80 |
| Irak / Kleuser (edition schwarzweiß) | DM *4,80 |
| Iran / Berger | DM 36,80 |
| Irland / Elvert | DM 26,80 |
| Island-Handbuch / Richter | DM 34,80 |
| Islands Geologie / Hug-Fleck (edition schwarzweiß) | DM 14,80 |
| Israel / Kautz & Winter | DM 26,80 |
| Jordanien / Kleuser & Röhl | DM 24,80 |
| Kaliningrader Gebiet / Junger & Müller | DM 26,80 |
| Kanada - Alaska Highways / Richter | DM 26,80 |
| Kanadas Westen / Stein | DM 36,80 |
| Kanalinseln / Ferner | DM 29,80 |
| Kanarische Inseln / Fründt & Muxfeldt | DM 26,80 |
| Kanarische Wanderungen / Reifenberger | DM 22,00 |
| Komoren / Westenberger | DM 24,80 |
| Kurs Nord / Umbreit & Spaeth (Frühsommer '96) | DM 49,80 |

# REISE ☞ HANDBÜCHER

# ... überall im Buchhandel

| | |
|---|---|
| La Palma / Reifenberger | DM 24,80 |
| Lanzarote / Reifenberger | DM 26,80 |
| Libanon / Röhl & Rosebrock | DM 24,80 |
| Libyen / Steinke | DM 34,80 |
| Lofoten und Vesterålen / Knoche | DM 24,80 |
| Madeira & Azoren / Jessel & von Bremen | DM 34,80 |
| Malawi / Hülsböhmer | DM 24,80 |
| Manitoba & Saskatchewan / Stein (edition schwarzweiß) | DM *4,80 |
| Mauritius / Ellis | DM 26,80 |
| Mexiko, Belize & Guatemala / Fründt & Muxfeldt | DM 29,80 |
| Namibia & Botswana / G. & H. Lamping | DM 29,80 |
| Nepal 2 - TrekkingHandbuch / Bezruchka | DM 24,80 |
| Neuseeland-Handbuch / Stein | DM 36,80 |
| Nordamerika per Motorrad / Reitberger | DM *4,80 |
| Ontario mit Montréal und Québec / Stein | DM 29,80 |
| Osterinsel / Hellmich | DM 22,00 |
| Phuket & Ko Samui / Bolik & Jantawat-Bolik | DM 24,80 |
| Polen / K. & A. Micklitza | DM 26,80 |
| Prag / Aslan | DM 19,80 |
| Québec / Hansjosten (edition schwarzweiß) | DM *4,80 |
| Reisen mit dem Hund / Treß | DM 22,00 |
| Rocky Mountains Nationalparks / Patton | DM 39,80 |
| Rumänien / Müller | DM 24,80 |
| Schottland / Ferner (Frühjahr '96) | DM 29,80 |
| Schweiz / Kürschner | DM 36,80 |
| Senegal / Mang (edition schwarzweiß) | DM 14,80 |
| Shetland & Orkney / Krüger-Hoge (edition schwarzweiß) | DM *4,80 |
| Sibirien / Zöllner | DM 36,80 |
| Slowakei / K. & A. Micklitza | DM 26,80 |
| Spitzbergen-Handbuch / Umbreit | DM 36,80 |
| Sri Lanka / Müller-Wöbcke | DM 26,80 |
| Sudan / Benjak & Enders (edition schwarzweiß) | DM 16,80 |
| Südschweden mit Öland / Sachtleben | DM 26,80 |
| Südsee-Trauminsel / Neale | DM 19,80 |
| Syrien / Schönmann (Sommer '96) | DM 29,80 |
| Tahiti & Cook Inseln / Sach | DM 26,80 |
| Tansania & Sansibar / Dippelreither & Walcher | DM 36,80 |
| Tausend Tips für Trotter, Tramper, Traveller | DM 22,00 |
| Teneriffa / Reifenberger | DM 29,80 |
| Thailand / Bolik & Jantawat-Bolik | DM 29,80 |
| Touren in Böhmen / Nagel (edition schwarzweiß) | DM 19,80 |
| Touren in Masuren / Stein | DM 24,80 |

# Informationen aus erster Hand

# Conrad Stein ⊕ Verlag
### Eichkoppelweg 51 · 24119 Kronshagen ☎ 0431/544090 FAX 548774

| | |
|---|---:|
| Touren in Schlesien / K. & A. Micklitza | DM 24,80 |
| Tschechien - Tschechische Republik /K. & A. Micklitza | DM 29,80 |
| Uganda / Lübbert | DM 26,80 |
| Ungarn / Ohlberg, Jochimsen, Micklitza | DM 22,00 |
| USA - Nordwesten / Richter | DM 26,80 |
| USA - Südwesten / Richter | DM 36,80 |
| Venezuela auf eigene Faust / Travelot | DM 26,80 |
| Vereinigte Arabische Emirate / Röhl | DM 22,00 |
| Wandern in den kanadischen Rockies / Patton & Robinson | DM 22,00 |
| Wandern in Neuseeland / Stein | DM 19,80 |
| Zimbabwe / Zuchan | DM 26,80 |
| Zw. Sydney u. Melbourne / Hamm & Abenath | DM 26,80 |

## OutdoorHandbücher
### - Basiswissen für Draußen -

| Band | | DM | Band | | DM |
|---|---|---:|---|---|---:|
| 1 | Rafting | 12,80 | 15 | Wandern mit Kind<br>zu Fuß · per Rad · mit Kanu | 12,80 |
| 2 | Mountainbiking | 12,80 | 16 | Sex<br>Vorbereitung · Technik · Varianten | 12,80 |
| 3 | Knoten | 12,80 | 20 | Wüsten-Survival | 14,80 |
| 4 | Karte & Kompaß | 12,80 | 21 | Angeln | 14,80 |
| 5 | Eßbare Wildpflanzen | 12,80 | 22 | Leben in der Wildnis | 14,80 |
| 6 | Skiwandern | 12,80 | 24 | Ratgeber rund ums Wohnmobil | 14,80 |
| 7 | Wildniswandern | 12,80 | 25 | Wale beobachten | 14,80 |
| 8 | Kochen | 12,80 | 30 | Spuren & Fährten (Herbst '96) | 14,80 |
| 9 | Bergwandern | 12,80 | 31 | Canyoning (Frühj. '96) | 14,80 |
| 10 | Solo im Kanu | 12,80 | 34 | Radwandern (Frühj. '96) | 14,80 |
| 11 | Kanuwandern | 14,80 | 35 | Mushing (Herbst '96)<br>Hundeschlittenfahren | 14,80 |
| 12 | Fotografieren | 12,80 | 36 | Gesund unterwegs | 14,80 |
| 13 | Wetter | 12,80 | | | |
| 14 | Allein im Wald | 12,80 | | | |

### - Der Weg ist das Ziel -

| | | | | | |
|---|---|---:|---|---|---:|
| 17 | Sarek | 19,80 | 27 | John Muir Trail (Frühj. '96) | 22,00 |
| 18 | Kungsleden | 19,80 | 28 | Landmannalaugar (Fj. '96) | 22,00 |
| 19 | Yukon | 19,80 | 29 | West Coast Trail | 22,00 |
| 23 | Jakobsweg | 22,00 | 32 | Radwandern in Masuren | 22,00 |
| 26 | West Highland Way | 22,00 | 33 | Trans-Alatau | 22,00 |

☺ *Weitere Bände in Vorbereitung. Fordern Sie unseren aktuellen Verlagsprospekt an.*